Jauá Baracuhy Julho/2011

# Metabolismo Energético

## *Mitos e Verdades*

"Aplicações práticas para os profissionais do *Fitness*"

# Metabolismo Energético

## *Mitos e Verdades*

"Aplicações práticas para os profissionais do *Fitness*"

*Carla Botelho Sottovia, Ph.D.*

Phorte editora

Rua 13 de Maio, 598 – Bela Vista – São Paulo – SP
CEP: 01327-000 – Brasil
Tel/Fax: (11) 3141-1033
*Site*: www.phorte.com *E-mail*: phorte@terra.com.br

Produção e Supervisão Editorial: Fábio Mazzonetto
Gerente Editorial: Sérgio Roberto Ferreira Batista
Editoração Eletrônica: Waldelice Helena de Moraes Dias
Impressão: Prol



CIP-BRASIL. CATALOGAÇÃO-NA-FONTE
SINDICATO NACIONAL DOS EDITORES DE LIVROS, RJ.

S693m
Sottovia, Carla Botelho
Metabolismo energético : mitos e verdades : aplicações práticas para os profissionais do fitness / Carla Botelho Sottovia
- São Paulo : Phorte, 2007
Tradução: Energy substrate: truths and misconceptions
Inclui bibliografia
ISBN 978-85-7655-103-4
1. Metabolismo energético. 2. Aptidão física - Aspectos nutricionais. 3. Atletas - Nutrição. I. Título.
06-3204. CDD 612.39
CDU 612.015.3

01.09.06 04.09.06 015995

Impresso no Brasil
Printed in Brazil

## *Dedicatória*

Aos meus pais Adone (*in memoriam*) e Disney Sottovia, que sempre me forneceram apoio e orientação na minha vida pessoal e profissional.

# Agradecimentos

Para Debby Hanry – amiga, cliente e editora –, pelas incontáveis horas de devoção e dedicação a este projeto.

Para todos os meus colegas de trabalho, *personal trainers* e clientes, que foram uma grande fonte de apoio e camaradagem.

# Prefácio

Houve um grande crescimento no interesse por exercício físico com o passar de poucas décadas. Centros de *fitness* e *personal training* são duas áreas que vivenciaram esta grande expansão. Pesquisas sobre adaptações ao exercício e os efeitos do exercício na saúde aumentaram, e agora nós sabemos o bastante sobre estes tópicos. As indústrias da saúde e do *fitness* necessitam resguardar-se contra as declarações simplistas ou cientificamente incorretas, produtos e serviços. Uma visita rápida a qualquer livraria nos mostra dúzias de livros de exercício, nutrição e saúde. Infelizmente, a maioria dos livros é escrita (ou talvez, mais exatamente escrita por um e assinada por outro) por autores celebridades, e muitos estão cheios dos erros ou de mitos. Este livro escrito pela Dr. Carla Sottovia é cientificamente baseado e cheio de boas informações para profissionais do *fitness* e da saúde.

A Dra. Carla Sottovia é uma profissional altamente qualificada, com Ph.D em Fisiologia do Exercício, possuindo muitos anos de experiência como *personal trainer* do prestigiado Centro Cooper Fitness. Em 2005, foi reconhecida pela indústria do *fitness,* recebendo o prêmio *Personal Trainer* do Ano – IDEA 2005. *Personal Trainers* e outros profissionais da saúde e do *fitness* podem se beneficiar com as informações contidas neste livro.

Steven N. Blair, P.E.D.
Presidente e Chefe Executivo
do Instituto Cooper. Dallas, Texas - USA

Para os profissionais do *fitness* e praticantes, o tópico Metabolismo Energético pode ser muito confuso. Enquanto houver uma diversidade de opiniões pessoais (a maioria incorreta) sobre o assunto, o conhecimento a respeito do Metabolismo Energético não estará completamente desimpedido. Neste livro, a Dra. Carla Sottovia faz um trabalho refinado, explicando as funções do carboidrato, da gordura e da proteína em repouso e durante o exercício.

Além disso, os tópicos da taxa metabólica de repouso e outros componentes do gasto calórico diário são explicados de uma maneira clara. Este livro irá fornecer aos profissionais do *fitness* as informações necessárias para atender as diferentes questões referentes ao Metabolismo Energético.

Stephen W. Farrell, Ph.D.
Diretor do Departamento de Educação e Cursos para Profissionais do Fitness. Instituto Cooper. Dallas, Texas, USA

# Sumário

# Introdução

## Metabolismo energético

Atualmente, a maioria dos entusiastas e/ou participantes do *Fitness* são diariamente bombardeados (através dos meios de comunicação) com informações sobre exercícios físicos e nutrição. Infelizmente, a maioria dessas informações e a qualidade dos conselhos sobre *Fitness* é enganadora ou deturpada pelos "especialistas" em *Fitness* (atores, atrizes, apresentadores de TV, entre outros). Assim, nós, profissionais do *Fitness,* somos ofuscados pela popularidade de tais "especialistas" e, muitas vezes, nos tornamos incapazes de educar e convencer nossos clientes da verdadeira realidade sobre a modalidade.

Um dos muitos tópicos discutidos hoje em dia é o Metabolismo Energético. Parece haver um grande número de "especialistas" discutindo a função dos carboidratos, das gorduras e proteínas no nosso corpo, porém, as informações divulgadas não correspondem à realidade.

Portanto, a finalidade deste livro é oferecer informação com qualidade científica, de modo conciso e prático, sobre os substratos energéticos mais importantes para os seres humanos: carboidratos, gorduras e proteínas.

Por exemplo, o que são carboidratos? O que limita a oxidação de gordura durante a atividade física? Existe uma diferença na taxa metabólica de repouso entre os indivíduos treinados e não treinados? Qual o tipo de comida que deve ser consumida antes do exercício? O que acontece com a proteína ingerida durante uma refeição?; entre outras questões.

Este livro foi produzido para atender a todos os profissionais da Saúde e do *Fitness*.

# Capítulo 1 Metabolismo do Carboidrato

O corpo humano é uma máquina surpreendente e, com cuidado e combustível apropriados, pode funcionar perfeitamente, atendendo à demanda da natureza. Mesmo em casos extremos como o excesso ou a falta de cuidados, essa "máquina" é capaz de produzir o melhor trabalho dentro de sua capacidade. O corpo humano utiliza apenas três fontes de combustível energético: carboidrato, lipídios (gorduras) e alguns poucos aminoácidos (proteína). Cada um desempenha uma função-chave no metabolismo energético durante os exercícios e também no período de repouso.

## Carboidratos

O carboidrato, comumente conhecido como "açúcar", é o combustível mais importante para o corpo humano. Por exemplo, o sistema nervoso central necessita de carboidrato o tempo todo para um funcionamento adequado. Em condições extremas, como desnutrição ou alimentação inadequada, o corpo encontrará maneiras de produzir carboidrato (açúcar) utilizando diferentes fontes (como quebra de proteínas/gorduras). Porém, este mecanismo poderá provocar efeitos colaterais adversos (como a formação de corpos cetônicos).

## *O que são os carboidratos?*

A estrutura química dos carboidratos é formada por carbono e água. Um composto de carboidrato é dado por uma combinação de átomos de carbono, hidrogênio e oxigênio. Eles são também conhecidos como "açúcares".

| Carboidrato (CHO) = Carbono (C) + Água ($H_2O$)<br>Carboidrato Composto = C + $H^+$+ $O_2$ |
|---|

## *Quantos tipos de carboidratos existem?*

Existem três tipos de carboidratos: monossacarídeos, oligossacarídeos e polissacarídeos.

### *Monossacarídeos*

Este tipo de carboidrato é conhecido como "açúcar simples". A molécula carrega somente um açúcar simples em sua estrutura. Os monossacarídeos mais comuns são a glicose, a frutose e a galactose.

- **Glicose:** A glicose (conhecida como açúcar do sangue) pode ser produzida pelo corpo através da digestão de outros carboidratos e, em casos extremos, pela quebra de lipídios e proteínas (aminoácidos). O "açúcar do sangue" é o combustível primário tanto para o funcionamento das células como também para a atividade física. A glicose pode ser armazenada no músculo sob a forma de glicogênio. A entrada adicional de glicose será convertida em gordura para o armazenamento de energia.

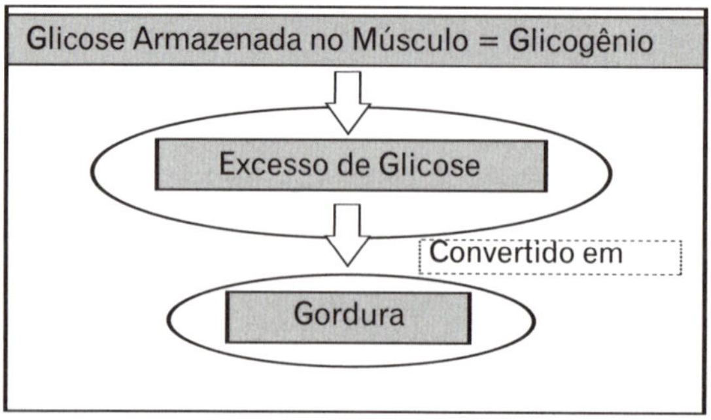


**Figura 1.1**

• **Frutose:** a frutose é encontrada, geralmente, nas frutas e no mel. Normalmente é convertida em glicose, uma vez que é absorvida pelo duto sanguíneo.

Frutose: Frutas + Mel

**Figura 1.2**

• **Galactose:** a galactose é um dos componentes do açúcar do leite nas glândulas mamárias dos animais lactantes. Como a frutose, a galactose será convertida em glicose, uma vez que é absorvida e digerida pelo corpo.

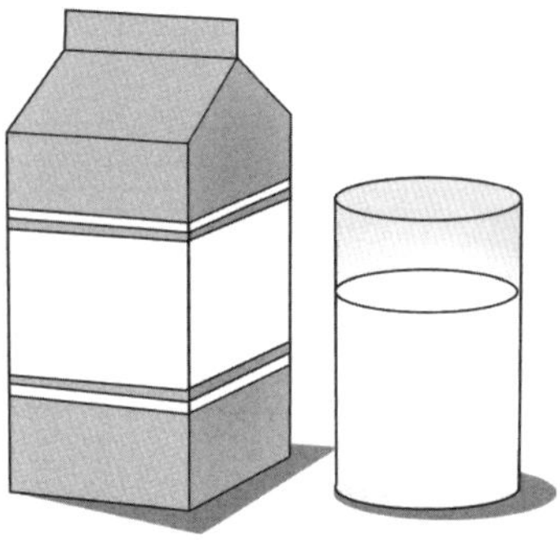

Galactose: Leite

**Figura 1.3**

### *Oligossacarídeos*

Este tipo de carboidrato é formado pela combinação de duas moléculas de monossacarídeos – os dissacarídeos ("açúcares duplos"). Em geral, a glicose será sempre um dos componentes dos dissacarídeos. Sendo assim, os oligossacarídeos mais conhecidos são:

- **Sacarose**: glicose + frutose.
- **Lactose**: glicose + galactose.
- **Maltose**: glicose + glicose.

### *Polissacarídeos*

A combinação de três ou mais moléculas de açúcares simples formam o polissacarídeo. São infinitas as possíveis combinações de moléculas de monossacarídeos que podem ser utilizadas na produção dos polissacarídeos. Existem, basicamente, dois tipos de polissacarídeos: vegetais e animais.

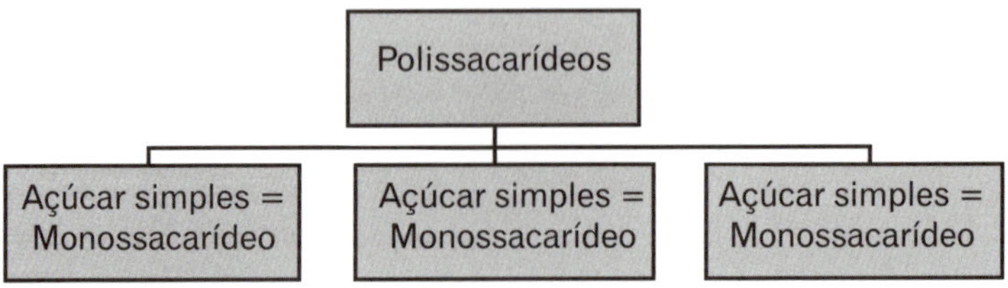


**Figura 1.4**

- **Vegetais:** os mais comuns são o amido e a celulose. Os **amidos** (conhecidos também como "carboidratos complexos") são encontrados normalmente nos cereais, na batata, nos legumes, nas sementes, nos grãos, no milho, no feijão e nas raízes. Os amidos são os polissacarídeos digestivos mais comuns. A **celulose** é o principal componente da parede celular das plantas, incluindo a parte estrutural das folhas, as hastes, as sementes e a casca das frutas. Uma vez que a celulose não é digerida por seres humanos, ela é considerada uma fibra dietética que não fornece energia. A fibra dietética representa um importante papel em nosso tubo gastro-intestinal (intervalo de GI). A função mais conhecida é a absorção do excesso de colesterol dentro do intestino, mas ela também é um agente aumentador (adiciona volume ao excremento). A baixa entrada da fibra dietética é associada a doenças cardiovasculares, diabetes tipo II e determinados tipos de câncer.

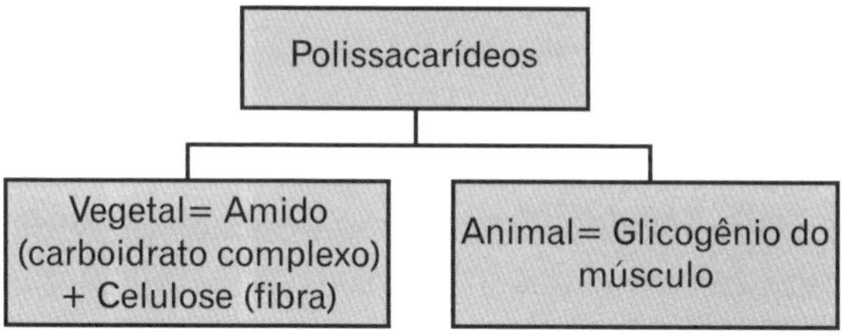


**Figura 1.5**

• **Animais:** são encontrados sob a forma de glicogênio (glicose armazenada no corpo). O glicogênio é armazenado, primeiramente, no fígado e no músculo esquelético, e é a principal fonte de energia para o corpo durante o exercício.

## *Qual é o papel do carboidrato como substrato energético?*

O carboidrato sob a forma de glicose e/ou glicogênio é um substrato energético chave para o repouso e durante a atividade física. O sistema nervoso central – isto é, o cérebro – confia unicamente no carboidrato para fornecer nutrientes e atividades diárias. Sob casos extremos de desnutrição, onde a fonte do carboidrato é

Carboidrato = atividade física + descanso

**Figura 1.6**

limitada, o cérebro pode utilizar a gordura para suprir sua exigência por combustível. Entretanto, a oxidação excessiva de ácidos graxos pode conduzir a um estado de "cetose" (formação de corpos cetônicos pelo fígado). Os corpos cetônicos podem ser oxidados (fora do fígado) de modo proporcional a sua concentração no sangue (até aproximadamente 12mmol/L). A concentração excessiva desses corpos (que são muito ácidos) no sangue pode causar efeitos colaterais prejudiciais, podendo inclusive levar a morte.

Metabolismo anaeróbico — Metabolismo aeróbico

**Figura 1.7**

O carboidrato (glicose/glicogênio) é a principal fonte de energia durante a atividade aeróbica e anaeróbica. As atividades de intensidade elevada que duram de 10 a 90 segundos oxidam a glicose (glicólise anaeróbica) para a produção da energia: ATP. A intensidade baixa ou moderada das atividades de longa duração (> 90 segundos) oxida a glicose, além das gorduras para a produção de energia (glicólise aeróbica).

## *Como ocorre a oxidação do carboidrato durante o início do exercício?*

A fim de se compreender como ocorre o catabolismo (quebra) do carboidrato durante o exercício, é necessário rever os conceitos principais e as definições relacionadas ao sistema endócrino:

**Sistema Endócrino:** é formado por órgão hospedeiro (glândula), mensageiro químico (hormônios) e órgão receptor.

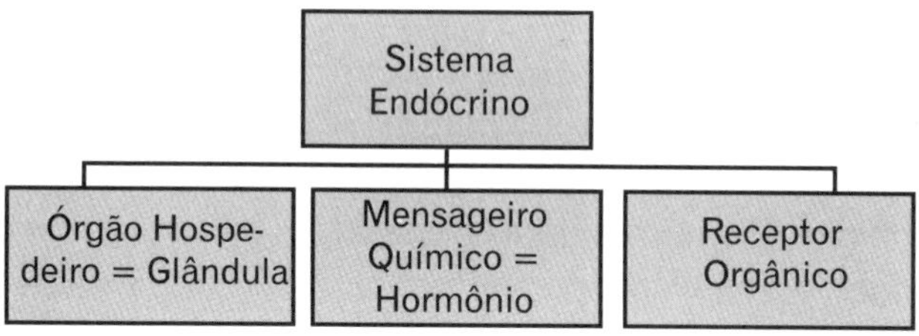


**Figura 1.8**

**Hormônio:** substância química sintetizada pela glândula hospedeira. Os hormônios secretados no duto sanguíneo são levados a um local específico do corpo (células ou tecidos). Uma função específica ou ação ocorrerá dentro do órgão receptor. Os hormônios podem ser sintetizados a partir dos compostos esteróides, como o colesterol e/ou os aminoácidos (proteínas).

**Glândulas chaves:** a) glândula pituitária anterior (glândula principal); b) glândula pituitária posterior; c) córtex adrenal; d) medula adrenal; e) tiróide; f) pâncreas; g) paratiróide; h) ovários; i)testículos; j) rins.

**Ação do hormônio:** a ação principal do hormônio é alterar a velocidade de uma reação química. O hormônio pode apressar ou retardar uma reação agindo em seu sítio enzimático, aumentando sua produção e/ou inibindo sua ação, como exemplo. Os hormônios, também facilitam e/ou inibem o transporte de determinadas substâncias dentro das células. Por exemplo, o hormônio insulina facilita a entrada de glicose na célula. Finalmente, eles também podem interferir na produção de uma substância intracelular específica (por exemplo, na síntese protéica).

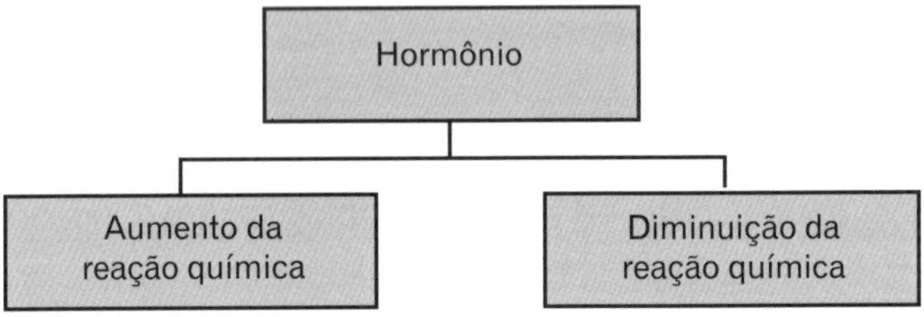


**Figura 1.9**

**As glândulas hospedeiras e o exercício:** existem diversas glândulas hospedeiras chaves que liberam os hormônios chaves (cada um com funções metabólicas específicas) durante o exercício a) medula adrenal: epinefrina e norepinefrina; b) pâncreas: insulina e glucagon; c) córtex adrenal: cortisol/corticosterona, aldosterona (Tabela 1.1).

**Tabela 1.1 Glândula e exercício**

| Glândula | Hormônio secretado | Função metabólica |
|---|---|---|
| Medula adrenal | Epinefrina/norepinefrina | Catabolismo do glicogênio.<br>Liberação do ácido graxo. |
| Pâncreas | Insulina<br><br>Glucagon | Transporte da glicose para célula.<br>Transporte de aminoácido para célula<br>Síntese protéica e da gordura<br>Aumento do metabolismo gorduroso |
| Córtex adrenal | Cortisol/corticosterona | Promove o uso do ácido graxo e o catabolismo protéico<br>Preserva o açúcar do sangue |

**Função da norepinefrina e da epinefrina:** no início do exercício, são liberadas pela sua glândula hospedeira. Esses hormônios são responsáveis pelo catabolismo do glicogênio e liberação de ácido graxo (produção de energia).

**Função da insulina e do glucagon:** no início do exercício, o nível de insulina é diminuído. A insulina é responsável pelo transporte da glicose nas células, o que abaixa o nível de glicose na corrente sanguínea. A insulina promove a síntese de gordura devido ao excesso de glicose arrecadada pelas células de lipídios e facilita o transporte de aminoácidos para células e também a síntese de proteínas.

O glucagon libera a glicose do fígado para o sangue e também eleva o metabolismo gorduroso, que durante o exercício aumenta para atender as demandas da produção de energia.

**Função do cortisol e da corticosterona:** aumentam durante o exercício vigoroso e promovem o catabolismo do ácido graxo e da proteína, agindo como antagonistas da insulina (preservando o açúcar do sangue – "efeito poupador de glicose").

No início do exercício, ocorrem vários eventos que serão responsáveis pela produção de energia, especificamente, pela oxidação do carboidrato e pela produção de Adenosina Trifosfato (ATP). Inicialmente, a circulação aumentada e a demanda aguda pela produção de energia (ATP) para sustentar a contração do músculo causam no início do exercício, uma diminuição da concentração do hormônio insulina (secretado pelo pâncreas) e também elevam a demanda por glicose para o trabalho das células. A energia para o exercício é derivada do glicogênio muscular e da oxidação de ácidos graxos. Com o aumento da duração e da intensidade do exercício, os níveis de insulina circulando no sangue diminuem e, conseqüentemente, ocorre o mesmo com a glicose. Os níveis diminuídos da glicose no sangue ativam o hormônio antagonista da insulina, o glucagon. Assim, a principal função do glucagon é aumentar a disponibilidade da glicose:

- estimulando a produção da glicose (através do gliconeogenese do fígado), e/ou

• liberando a glicose (na circulação) da oxidação do glicogênio (através de glicólise no fígado).

Uma vez que a glicose é disponibilizada para o trabalho dos músculos, ela irá se submeter a um ou dois processos metabólicos que produzem energia – ATP.

Durante o exercício anaeróbico, a glicose será oxidada sob um processo metabólico conhecido como glicólise anaeróbica (quebra da glicose na ausência do oxigênio). Basicamente, este processo fornece o seguinte: **Lactose + ATP + $H_2O$ + $CO_2$**.

Quando o oxigênio está presente (exercício aeróbico), ocorre uma continuação na produção adicional do ATP. O piruvato (formado durante a glicólise sob a presença do oxigênio) incorporará um outro caminho metabólico conhecido o *ciclo de Krebs* ou o *ciclo do Ácido Cítrico* (situados nas mitocôndrias da célula). Na extremidade do ciclo de Krebs, os íons de hidrogênio ($H^+$) e elétron ($e^-$) são removidos para que, eventualmente, incorporem o sistema do transporte do elétron (conhecido como a última etapa para a produção do ATP sob o metabolismo aeróbico). A oxidação final da glicose sob o metabolismo produz: **$CO_2$ + $H_2O$ + ATP**.

Em resumo, a glicólise anaeróbica é a quebra de 1mol de glicose rendendo aproximadamente 2 mols do ATP, enquanto a glicólise aeróbica rende até 38 mols de ATP.

**QUADRO 1.1 PRODUÇÃO DE ENERGIA DURANTE O EXERCÍCIO**

Exercício
- → Aumento da circulação
- → Demanda de ATP
- → Liberação de insulina
- → Glicose para as células
  - → Aumento da duração do exercício + intensidade
  - → Diminuição da insulina = queda da glicose disponível
  - → Liberação do aumento do glucagon
  - → Aumento da glicose disponível
  - → Glicose
  - → Glicólise anaeróbica ou aeróbica

Perda de glicose = "Chegar ao limite"

**Figura 1.10**

Assim, a disponibilidade do carboidrato como combustível energético durante o exercício é imprescindível para a contração apropriada do músculo. A falta e/ou a insuficiência do carboidrato durante a atividade física pode causar efeitos colaterais prejudiciais, incluindo a inabilidade e/ou a ineficiência do corpo humano em continuar o trabalho. O sistema irá, literalmente, "*chegar ao limite*," como é conhecido quando a eficiência da contração do músculo durante a atividade requer uma quantidade mínima de carboidrato (glicose).

Além disso, outros sistemas importantes no corpo, como o sistema nervoso central, requerem a presença constante de carboidrato para funcionarem adequadamente. Finalmente, a interação entre *carboidratos, gorduras e proteínas* durante a atividade física, e suas funções no Metabolismo Energético, será discutida detalhadamente nos próximos capítulos deste livro.

## REFERÊNCIAS

1) FOX, E.; MATHEWS, D. *The Physiological Basis of Physical Education and Athletics*. 3ed. [s/l]:s/e,1981.

2)MCARDLE, W.; KATCH, F.; KATCH, V. *Exercise Physiology*: Energy, Nutrition and Human Performance. 2ed. Lippincott: Williams & Wilkins, 1985.

3)MURRAY, R. et al. *Harper's Biochemistry*. 23ed.[s/l]:s/e,1993.

4)ROBERGS, R.; ROBERT, S. *Fundamental Principles of Exercise Physiology*: for Fitness, Performance and Health. [s/l]:s/e, 2000.

# Capítulo 2 Metabolismo da Gordura

## Lipídios

Os lipídios, conhecidos como gorduras, entre outras funções, são uma fonte importante de combustível durante a atividade física constituindo também um componente estrutural importante de muitas células. Muitos compostos químicos são classificados como lipídios. Entretanto, para a finalidade deste livro, somente os compostos lipídicos relacionados aos nutrientes de liberação de energia serão discutidos.

### O que são os lipídios?

Os lipídios são um grupo de compostos mistos, que podem se relacionar direta ou indiretamente aos ácidos graxos. Em geral, os lipídios têm duas propriedades principais:

- insolubilidade em água;
- solubilidade em solventes apolares (por exemplo, éter, clorofórmio, benzeno).

Como exemplo de lipídios, podemos incluir gorduras, óleos e ceras.

## *Quais as principais funções dos lipídios no corpo?*

Os lipídios são uma fonte chave de liberação de *energia* durante a atividade física, ou seja, podem ser armazenados no tecido adiposo e servir como *isolante térmico* nos tecidos subcutâneos e ao redor de determinados órgãos (coração, fígado, rim, cérebro, baço, medula espinhal) e também como *transportadores* dentro do sangue. Lipídios complexos como as lipoproteínas transportam lipídeos simples, ou colesterol, na corrente sanguínea.

## *Como os lipídios são classificados?*

Os lipídios podem ser classificados em *simples* ou *complexos*. Os lipídios simples são as gorduras formadas por ácido graxo e glicerol; triagliceróis (triglicérides) e ceras formadas por ácidos graxos, álcoois superiores, ou seja, o colesterol.

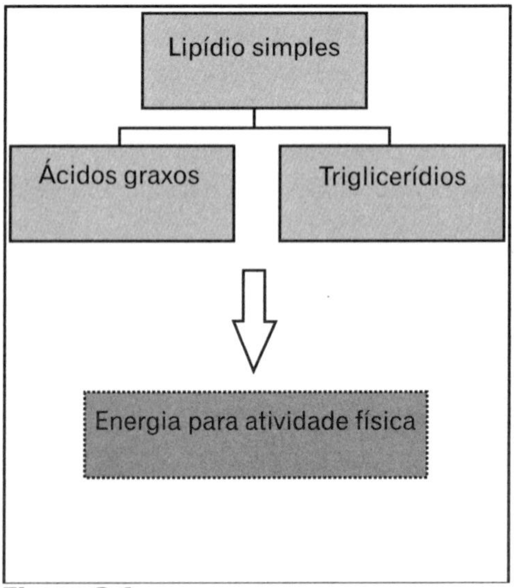


**Figura 2.1**

Os *lipídios complexos* são os *fosfolipídios* (ácido graxo álcool + resíduo de ácido fosfórico), os *glicolipídios* que contém carboidratos e *lipoproteínas*, ou seja, lipídios associados à proteína.

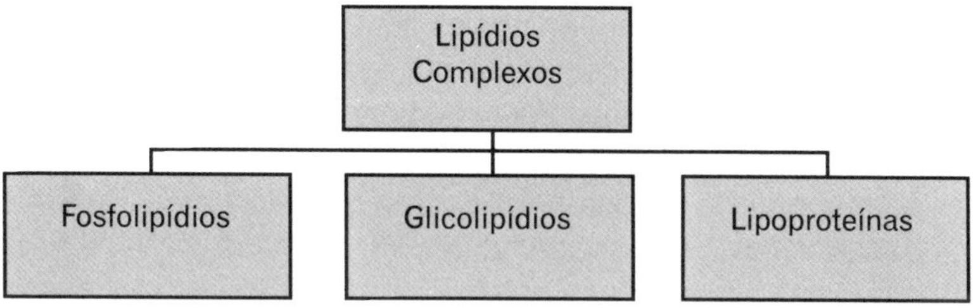


**Figura 2.2**

Cada um dos tipos de lipídios desempenha funções importantes no corpo humano. Resumidamente, lipídios simples, como os ácidos graxos e triglicérides estão envolvidos na produção e no fornecimento de energia para a atividade física. Outros ácidos graxos importantes, com conhecidos valores nutritivos, são os ácidos graxos insaturados (monoinsaturados, polinsaturados, ecosanóides). Além disso, um dos lipídios mais estudado e conhecido é o colesterol. O colesterol serve como o precursor de muitos outros esteróides, incluindo os ácidos de bile, hormônios sexuais (estrogênio, androgênio, progesterona), hormônios adrenocorticais e a vitamina D.

Os fosfolipídios são componentes importantes das membranas das células, incluindo os tecidos cerebral, muscular e nervoso. Similar aos fosfolipídios, os glicolipídios são distribuídos em cada tecido do corpo. São também encontrados na parcela exterior da membrana plasmática, onde ajudam reforçando os carboidratos na superfície da célula (recorde-se que os glicolipídeos contêm carboidratos). Finalmente, as lipoproteínas são transportadoras importantes dos lipídios. Por exemplo, o colesterol é transportado na circulação pelas lipoproteínas.

## *Qual é a função dos lipídios como substratos energéticos?*

A maioria dos ácidos graxos é armazenada no corpo sob a forma de triglicerídios. Os ácidos graxos que não são incorporados em uma molécula triglicérica são conhecidos como "ácidos graxos livres" (embora apenas uma porcentagem muito pequena deles fique realmente "livre"). A maioria desses é ligada a um outro composto, por exemplo, a proteína (como a albumina). Porém, a maioria da gordura corporal dos seres humanos é armazenada no tecido adiposo visceral subcutâneo e profundo. Além disso, uma porcentagem pequena da gordura de corpo é armazenada nas células do músculo esquelético (aproximadamente, 300 gramas).

A gordura contém mais energia quando comparada aos carboidratos (9kcal contra 4kcal, por grama). De fato, as reservas de gordura no corpo são muito maiores se comparadas às reservas de carboidrato. Assim, teoricamente, o corpo teria gordura suficiente para produzir energia durante muitos dias de atividade. Entretanto, se a circulação de glicose no sangue diminuir a um nível mínimo durante a atividade, o corpo não será capaz de oxidar as reservas de gordura no corpo para a produção de energia (não sendo suficiente a quantidade disponível). Desta maneira, necessitamos de uma quantidade mínima de glicose circulando do sangue freqüentemente (aproximadamente, $100 mg.dl^{-1}$, ± 10%) para a produção de energia apropriada durante a atividade. Por outro lado, quando o corpo **"chegar ao limite"**, não poderá continuar com a atividade física. Por exemplo, as concentrações de glicose no sangue abaixo de $65 mg.dl^{-1}$ são associadas freqüentemente com a fadiga do músculo.[1] Além disso, as reservas de carboidrato (para exercitar os músculos) podem ser esgotadas de 60 a 90 minutos de atividade física. [2,3] Assim, repor as energias transforma-se em uma importante tarefa durante a atividade prolongada (Reposição de Energia, Capítulo 5).

# *Mobilização da gordura e oxidação*

Em repouso e durante o exercício, a maior parte da gordura utilizada como combustível deriva dos triglicéridios do tecido adiposo.

Por exemplo, em repouso, a oxidação da gordura pode contribuir com aproximadamente 60% da energia produzida, enquanto os carboidratos e a proteína contribuem apenas com 35% e 5%, respectivamente.[1] Entretanto, no início do exercício, o reverso ocorrerá (oxidação aumentada de carboidrato). Além disso, os ácidos graxos são liberados do tecido adiposo (ou seja, lipólise, ou quebra dos triglicerídios) e então entregues aos músculos esqueléticos para uma oxidação adicional (isto é, produção de energia). A atividade da lipólise é mediada por diversos hormônios, incluindo glucagon, epinefrina, norepinefrina, hormônio do crescimento, cortisol e duas enzimas principais (Lipase Hormônio-Sensível-HSL e Lipase da Lipoproteína-LPL). Outros fatores podem afetar a lipólise, mas não são limitados ao sexo, ao nível da aptidão e a intensidade do exercício. [2,3,4,5,6,7,10,11,12]

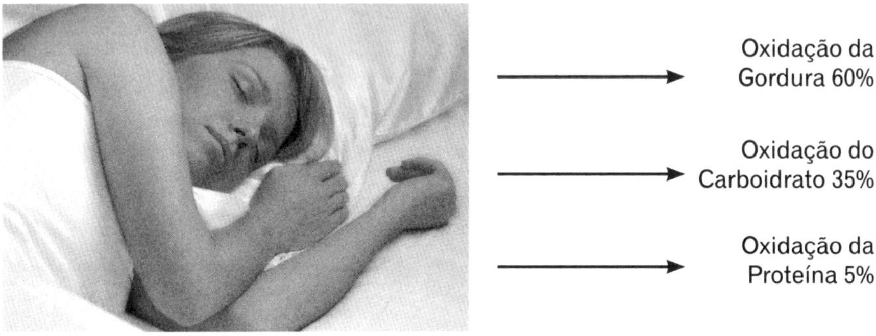


**Figura 2.3**

## *O conceito de Crossover*

No início do exercício, ocorre um deslocamento na quantidade de gordura/carboidrato que está sendo oxidada e, então, dá-se sua contribuição à produção de energia. A taxa da gordura e da oxidação de carboidrato dependerá de diversos fatores, incluindo a intensidade do exercício, a duração e o nível de aptidão do indivíduo. O conceito de

*Crossover*[13] sugere que a energia produzida pela oxidação de carboidrato será maior do que a energia da oxidação da gordura, enquanto a intensidade do exercício aumenta. Porém, eis a grande questão quando esse ponto do *crossover* da energia ocorre? A maioria dos especialistas concorda que a oxidação de gordura ocorre entre 50 a 75% do $VO_2$máx.

## Quebra dos triglicérides durante o exercício

No início do exercício, o Sistema Nervoso Simpático (SNS) libera catecolaminas importantes (hormônios: epinefrina e norepinefrina). Esses hormônios ligam-se e estimulam os receptores chaves posicionados na superfície gordurosa da célula (receptores Beta-Adrenérgico) que, por sua vez, ativam a enzima de HSL, iniciando assim a quebra de triglicérides no tecido adiposo (lipólise).[2,3,8,9] Uma vez que os ácidos graxos livres são liberados do tecido adiposo, ligam-se à proteína albumina. De fato, 99% dos ácidos graxos livres no plasma são carregados ao limite da albumina. Eventualmente, os ácidos graxos são transportados para o músculo esquelético ligados a proteínas (especializadas no transporte de ácidos graxos) localizadas nas estruturas internas e externas da célula. Uma vez dentro da célula, os ácidos graxos submetem-se a uma série de reações metabólicas e são, eventualmente, oxidados para a produção da energia – ATP. [3,11]

## Fatores que podem limitar a oxidação da gordura

### Intensidade do exercício

O aumento da intensidade do exercício produz um deslocamento na mobilização e utilização do substrato da energia. Em geral, a maioria dos estudos demonstrou que a oxidação da gordura ocorre em intensidade de exercício entre 30% a aproximadamente, 70% do volume de oxigênio máximo.[4,5,10,12,14,15] Achten e col.[4] relataram uma oxidação de gordura maior em intensidades de exercício entre 51% a 76% de $VO_2$máx. Similarmente, outros pesquisadores (Venables et al., 2005) demonstraram essa oxidação da gordura (durante o teste máximo incremental do exercício de treadmill com N= 300 homens e mulheres saudáveis) aumentando em 35% de $VO_2$máx a uma taxa máxima comum à intensidade de 48 ± 1% de $VO_2$máx.

**Figura 2.4**

Por outro lado, a oxidação da gordura parece ser prejudicada em intensidades de exercício de aproximadamente 80 a 85% do $VO_2$máx e/ou mais elevada.[5,10,12,14] Assim, em intensidades mais elevadas do exercício (isto é, > 90%), a contribuição da oxidação da gordura para energia torna-se insignificante. Romijn e col.[12] relataram que a mobilização do ácido graxo livre do plasma não aumentou acima do nível de repouso durante o exercício de alta intensidade (>85%).

Por sua vez, houve uma diminuição na concentração do ácido graxo livre do plasma o que pode ter prejudicado a oxidação da gordura em seus participantes. É importante notar que há uma concentração mínima dos ácidos graxos livres do plasma onde a oxidação ocorre (isto é, 1,0 milimol). Quando os níveis de ácidos graxos livres do plasma diminuem drasticamente (isto é, 0,2 a 0,3 milimol), a oxidação da gordura é danificada. Além disso, mesmo que o nível normal do plasma de ácidos graxos livres seja mantido durante o exercício de intensidade elevada (isto é, pela infusão do lipídio), a oxidação de lipidios é aumentada somente ligeiramente, quando comparada a intensidades mais baixas do exercício. [10,12] Sidossis e col. (1997) sugeriram que a oxidação do ácido graxo em uma intensidade mais elevada era limitada devido a uma inibição direta da entrada do ácido graxo de corrente longas nas mitocôndrias. Assim, em intensidades mais elevadas, a quebra da glicose para a energia é extremamente estimulada e, por sua vez, pode inibir uma das enzimas (CPT-I – palmitoyl-transferase da carnitina) responsáveis pelo transporte do ácido graxo nas mitocôndrias.

## *Presença de carboidrato*

Como mencionado, o corpo necessita de uma quantidade mínima de glicose circulando no sangue (100mg.dl-1) antes que a fatiga do exercício ocorra, apesar da quantidade de gordura disponível para a energia. Assim, para que a oxidação da gordura seja eficiente e ocorra durante a atividade física, existe uma necessidade simultânea para a quebra contínua de carboidrato. O motivo inicial é que um dos produtos intermediários da quebra de carboidrato, o oxoloacetato, liga-se ao acetil-Coa formado durante a quebra de ácidos graxos (ciclo beta da oxidação). A combinação de ambos os intermediários, oxoloacetato e acetil-Coa, forma um outro intermediário, o citrato, que será oxidado eventualmente para produzir a energia: ATP (ciclo do ácido cítrico – metabolismo aeróbico). Se a produção do oxoloacetato for diminuída devido às baixas concentrações de carboidrato como também sua oxidação, por sua vez, afeta a quebra

**Figura 2.5**

de ácidos graxos para a energia durante o metabolismo aeróbico. Neste sentido, pode-se, com segurança, indicar que as "*gorduras entram em combustão em uma chama de carboidratos*". [10]

## Sexo

A taxa da oxidação de gordura durante a atividade aeróbica parece ser diferente entre os sexos. Há um consenso entre diversos pesquisadores de que a taxa da oxidação da gordura é maior nas mulheres, quando comparada aos homens, durante o exercício máximo secundário.[6,7,12] Por exemplo, sugeriu-se que o estrógeno e a progesterona desempenham um importante papel na lipólise. O estrógeno, por exemplo, aumenta a taxa de lipólise no tecido adiposo (inibindo a enzima de LPL e/ou ativando os receptores beta-adrenergéticos na célula de gordura que são lipídicas). Além disso, a progesterona foi associada à diminuição na taxa da produção de glicose que, por sua vez, pode realçar os efeitos do estrógeno na mobilização da gordura.

**Figura 2.6**

Horton et al.[7] sugeriram que as mulheres podem ser mais sensíveis aos efeitos dos catecolaminas na lipólise. Também, as mulheres podem ter uma capacidade intramuscular elevada de oxidação de ácido graxo livre quando comparadas aos homens. Neste estudo, as mulheres obtiveram uma oxidação de gordura mais elevada (51%), quando comparadas aos homens (44%), durante duas horas de exercício na bicicleta (40% do volume de oxigênio máximo).

Outros fatores que podem promover uma utilização da gordura mais elevada nas mulheres podem incluir um volume maior de ácidos graxos livres pelos músculos esqueléticos, uma atividade enzimática maior para a oxidação de gordura nas mitocôndrias e uma oxidação beta mitocondral maior (processo que "prepara" os ácidos graxos para entrarem no ciclo de Krebs-metabolimo aeróbio). Esses serão eventualmente oxidados para produção extra de ATP. [6]

## Nível de aptidão

É sabido que, quando a capacidade aeróbica aumenta, os músculos esqueléticos oxidam mais gordura para a energia. Este aumento na oxidação da gordura é amplamente relatado:

1) aumento no índice e na densidade mitocondral;
2) aumento no número de enzimas oxidativas;
3) aumento na utilização de ácido graxo;
4) uma resposta lipolítica aumentada nas catecolaminas.[8,9]

**Figura 2.7**

Não obstante o sexo, um indivíduo mais aeróbico terá uma oxidação de gordura mais elevada (durante o exercício) se comparado a um indivíduo sem treinamento.

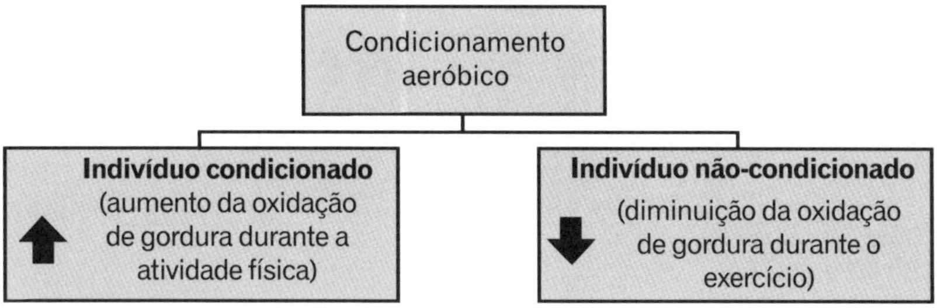


**Figura 2.8**

## *Conclusão*

Em resumo, há diversos fatores que podem afetar a oxidação da gordura. Parece que as mulheres têm uma maior taxa de oxidação da gordura, se comparadas aos homens, durante o exercício máximo secundário. Também os indivíduos com elevada capacidade aeróbica têm uma capacidade maior para oxidar ácidos graxos quando comparados a um indivíduo sem treinamento. Finalmente, a oxidação da gordura é mais aparente nas intensidades do exercício que variam entre 50 a 75% do $VO_2$máx. Mais pesquisas necessitam ser feitas para evidenciar os mecanismos que realçam e/ou inibem a lipólise do tecido adiposo; o transporte e o aumento da utilização dos ácidos graxos no tecido do músculo esquelético.

## Referências

1) BROOKS, G.; FAHEY, T.; WHITE,T. *Exercise Physiology*: Human Bioenergetics and Its Applications. 2ed. 1996.

2) VELLA, C.; KRAVITZ, L. Gender differences in fat metabolism. *IDEA Health and Fitness Source*, (November-December), p. 32 –46, 2002.

3) JEUKENDRUP, A.; SARIS, W.; WAGENMAKERS, A. Part 1: Fatty acid mobilization and muscle metabolism. *International Journal of Sports Medicine*. v. 19, p. 231- 244, 1998.

4) ACHTEN, J.; GLEESON, M.; JEUKENDRUP, A. Determination of the exercise intensity that elicits maximal fat oxidation. *Medicine and Science in Sports and Exercise*. v. 34, n. 1, p. 92-97, 2002.

5) ARNOS, P.; SOWASH, J.; ANDRES, P. Fat oxidation at varied work intensities using different exercise modes. *Medicine and Science in Sports and Exercise*. v. 29, n. 5, p. S199, 1997.

6) BRAUN, B.; HORTON, T. Endocrine regulation of exercise substrate utilization in women compared to men. *Exercise Sport Science Review*. v. 29, n. 4, p. 149-154, 2001.

7) HORTON, T. et al. Fuel metabolism in men and women during and after long-duration exercise. *Journal of Applied Physiology*. v. 85, n. 5, p. 1823-1832, 1998.

8) HOROWITZ, J. Regulation of lipid mobilization and oxidation during exercise in obesity. *Exercise Sport Science Review*. v. 29, n. 1, p. 42-46, 2001.

9) JEUKENDRUP, A.; SARIS, W.; WAGENMAKERS, A. Part 2: Regulation of metabolism and the effects of training. *International Journal of Sports Medicine*. v.19, p. 293- 302, 1998.

10) LABROS, S.; GASTALDELLI, A.; KLEIN, S.; WOLFE, R. Regulation of plasma fatty acid oxidation during low- and high-intensity exercise. *American Journal of Physiology*. v. 272, p. E1065- E1070, 1997.

11) SPRIET, L. Regulation of skeletal muscle fat oxidation during exercise in humans. *Medicine and Science in Sports and Exercise*. v. 34, n. 9, p. 1477-1484, 2002.

12) ROMIJN, J. et al. Relationship between fatty acid delivery and fatty acid oxidation during strenuous exercise. *Journal of Applied Physiology*. v. 79, n. 6, p. 1939- 1945, 1995.

13) BROOKS, G.; MERCIER, J. Balance of carbohydrate and lipid utilization during exercise: the "crossover" concept. *Journal of Applied Physiology*. v. 76, n. 6, p. 2253-2261, 1994.

14) HOWLEY, E.; DUNCAN, G.; DEL CORRAL, P. Optimum intensity of exercise for fat oxidation. *Medicine and Science in Sport and Exercise*. v. 29, n. 5, p. S199, 1997.

15) ROBERTS, T. et al. *The Journal of Experimental Biology*. v. 199, p.1651-1658, 1996.

16) MCARDLE, W.; KATCH, F.; KATCH, V. *Exercise Physiology*: Energy, Nutrition and Human Performance. 5ed. 2001.

17) MURRAY, R. et al. *Harper's Biochemistry*. 23ed. 2003.

18) GROFF, J.; GROPPER, S.; HUNT, S. *Advance Nutrition and Human Metabolism*. 2ed.1995.

19) VENABLES, M.; ACHTEN, J.;JEUKENDRUP, A. Determinants of fat oxidation during exercise in healthy men and women: a cross - section study. *Journal of Applied Physiology*, 98, 160-167.

# Capítulo 3
# Proteínas

## O que são proteínas?

As proteínas são constituídas de pequenas unidades denominadas *aminoácidos*. São conhecidos cerca de 20 aminoácidos diferentes que participam da estrutura das proteínas e alguns não-proteícos. Os aminoácidos estabelecem uma união denominada ligação peptídica. Eles formam seqüências que podem gerar diferentes formas e também diferentes combinações químicas. Sendo assim, a união de mais de 50 tipos de aminoácidos forma uma proteína. O corpo pode sintetizar, aproximadamente, 80.000 tipos diferentes de proteínas. Nosso corpo tem aproximadamente 50.000 tipos diferentes de compostos que contêm proteína e mantém um "estoque" de proteínas livres e aminoácidos (aproximadamente 210g). O músculo esquelético armazena o maior estoque de aminoácidos livres no corpo (isto é, aproximadamente, 6000 a 8000g em um adulto de tamanho mediano). Uma troca contínua de aminoácidos ocorre entre essas reservas, enquanto as proteínas são constantemente sintetizadas e simultaneamente degradadas (*turnover* da proteína). Normalmente, estes processos estão em equilíbrio na medida que há quebra de proteína no corpo, esta é substituída pela síntese da proteína (utilizando aminoácidos da reserva livre.) Estes aminoácidos são fornecidos pela digestão de alimentos com altas concentrações de proteína (carne, peixe, leite, queijo). O consumo insuficiente de proteínas pode causar um desequilíbrio na reserva de aminoácido livre. Caso essa situação seja mantida por muito tempo, poderá causar a perda de massa muscular. Em oposição, o excesso de proteína será convertido em carboidrato ou gordura e depois armazenado. Algumas das funções das proteínas incluem: síntese do tecido novo (por exemplo, músculo e pele), a síntese das enzimas, a síntese de proteínas do plasma (como a albumina, globulina), a síntese de hormônios (epinefrina e norepinefrina) e servem como uma fonte menor da energia.[1]

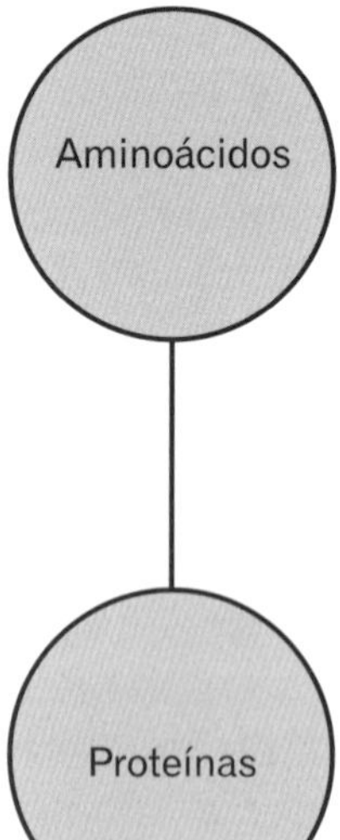


**Figura 3.1**

## *Qual é a estrutura química de um aminoácido?*

Os aminoácidos possuem, basicamente, quatro características comuns. São elas:

1. positivamente carregados com o grupo amina ($NH_2$);

2. negativamente carregados com o grupo do ácido orgânico (COOH- carboxila);
3. centrais do grupo do hidrogênio-carbono; e
4. grupo R ou corrente lateral (a estrutura específica do grupo de R especifica a característica do aminoácido).

Ácido Amino- Alanina

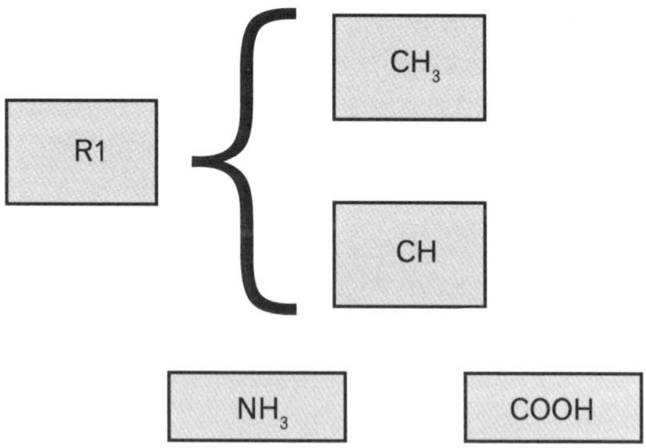


**Figura 3.2**

## *Quais são os tipos de aminoácidos?*

Os aminoácidos são classificados em basicamente dois tipos diferentes, *essenciais e não-essenciais.*

Os aminoácidos essenciais (total de 8 em adultos/9 para crianças) são aqueles que não podem ser sintetizados pelo corpo e, conseqüentemente, devem ser fornecidos pela dieta. São os seguintes: histidina (essencial para crianças), isoleucina, leucina, lisina, metionina, pentalanina, treonina, triptofano e valina.

Os aminoácidos não-essenciais são sintetizados pelo corpo em uma taxa que atenda as demandas para um crescimento normal e reparo do tecido: alanina, arginina, asparagina, ácido áspartico, cisteina, ácido glutâmico, glutamina, glicina, prolina, serina e tirosina.

## O que são proteínas completas e incompletas?

As *proteínas completas* provêm das fontes de alimento que fornecem todos os aminoácidos essenciais reservados para o funcionamento apropriado no corpo. Tais fontes de alimento incluem as animais (carnes e laticínios) e também *produtos da soja* (queijo tofu, leite de soja). As *proteínas incompletas* são aquelas em que faltam um ou mais dos aminoácidos essenciais. São encontradas, geralmente, nos produtos não-animais (grãos, cereais, legumes, sementes, vegetais verdes). Entretanto, a combinação de duas fontes incompletas da proteína (grãos + legumes) rende uma proteína completa.

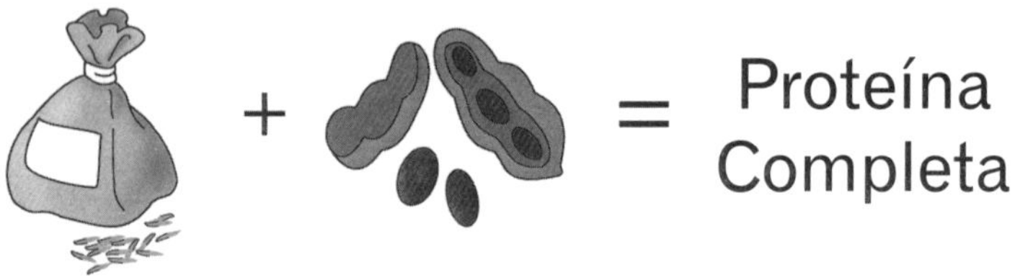


Grãos + Legumes = Proteína Completa

**Figura 3.3**

## Qual é o destino da proteína dietética?

Uma vez que a proteína dietética é ingerida, ela submete-se à digestão, que permite a liberação dos seus aminoácidos. O fígado, por sua vez, é o local principal para a coleta da maioria dos aminoácidos liberados durante a digestão. Dos aminoácidos que entram no fígado, aproximadamente *20% são usados na síntese do tecido protéico anabólico (enzimas); 57% são catabolisados e aproximadamente 23% são liberados como aminoácidos livres no sangue* (podendo ser usados para o anabolismo ou o catabolismo do tecido). Durante o catabolismo do tecido, os aminoácidos submetem-se a um processo chamado desaminação (perda do nitrogênio do grupo amina – $NH_2$). A uréia é formada e sai do corpo sob a forma de urina (através dos rins).

Assim, as moléculas restantes de aminoácidos (carbono esquelético) podem submeter-se a diversos trajetos diferentes.

O carbono esquelético pode ser usado para sintetizar a **glicose, ácidos graxos ou corpos cetônicos.** Quando ocorre o excesso de ingestão de proteínas, o carbono esquelético dos aminoácidos pode ser usado para sintetizar ácidos graxos. O carbono esquelético pode ser oxidado para produzir energia na presença de baixas reservas de glicose no músculo e/ou na queda da glicose na circulação (por exemplo, redução da entrada de carboidratos). Entretanto, esse não é o caminho ideal para a produção de energia, já que isso pode causar uma deficiência protéica acompanhada da perda de tecido muscular.

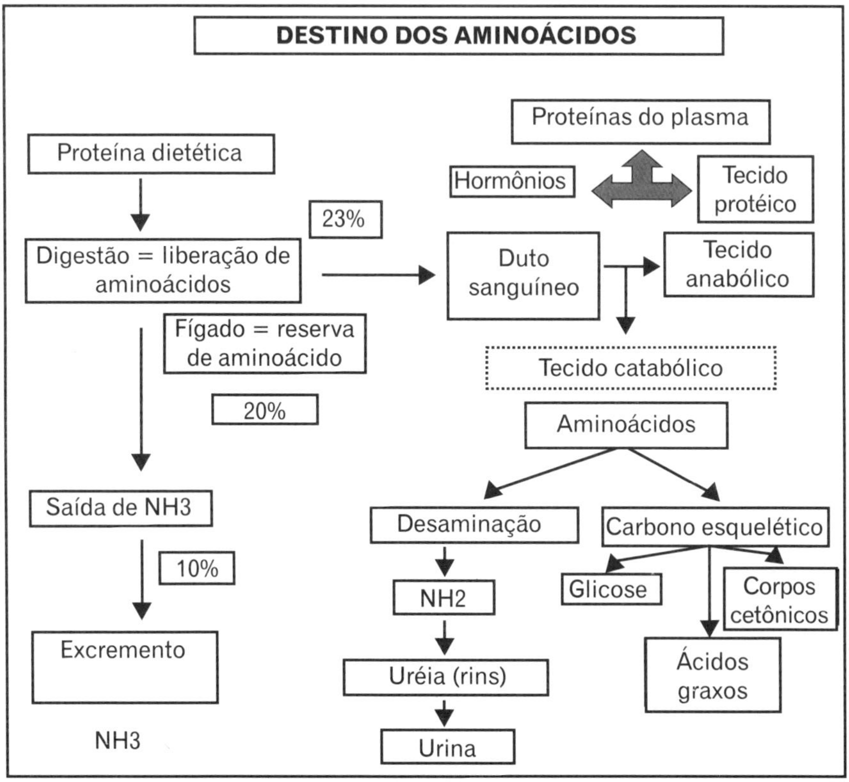


**Figura 3.4**

## A quebra da proteína ocorre durante endurance e o treino de resistência?

Ocorre somente um aumento muito pequeno na quebra da proteína durante o exercício. Sugere-se a oxidação da leucina e da alanina durante o exercício moderado. Por exemplo, a alanina pode fornecer, indiretamente, energia durante o exercício contínuo leve ao moderado. Ela é sintetizada geralmente no tecido do músculo. Uma vez formada, a alanina deixa o músculo e entra no fígado para a desaminação (isto é, perda do grupo amina $NH_2$). A estrutura restante do carbono esquelético é convertida em glicose através da gluconeogênese (síntese da glicose). A nova molécula formada de glicose entra em circulação para a entrega ao músculo ativo. Estima-se que o ciclo *alanina-glicose* possa fornecer entre 10 a 15% da exigência de energia total do exercício. Entretanto, é importante ter-se em mente que a maioria da energia fornecida durante o exercício vem da oxidação dos *carboidratos* e das *gorduras*. A manutenção de uma reserva apropriada de reservas do carboidrato é imperativa para o corpo funcionar durante o repouso e também na atividade. Como visto, a depleção de reservas de carboidrato, especialmente durante a atividade física aumenta significativamente o catabolismo da proteína. *É necessário que os indivíduos que treinam de forma vigorosa e regular mantenham níveis ideais do glicogênio do músculo e do fígado.*

## Qual é a quantidade recomendada de ingestão de proteína em repouso e durante o exercício?

De acordo com Tabela de Recomendações Dietéticas - USA (TRD), a maioria de adultos necessitam de somente 0,8 gramas de proteína por quilograma do peso corpóreo por dia. As crianças requerem, geralmente, uma quantidade maior devido ao crescimento (2,2 gramas por kilo de peso corporal). Porém, sugeriu-se que as exigências da proteína são ligeiramente aumentadas para atletas do *endurance* e do treinamento de força. Porém a questão continua: se uma entrada elevada da proteína (além dos valores recomendados) pode trazer benefícios adicionais ao atleta? Assim, o consenso geral é que os *atletas de força* podem aumentar o crescimento do músculo com suplementos de proteína da mesma maneira dos atletas que treinaram sem suplemento.

Até 1,4g/dia (treinamento de força — Musculação)

De 1,2 a 1,4g/dia (treinamento de *endurance* — Aeróbico)

**Figura 3.5**

Entretanto, há um *limite* para o suplemento aumentar o desempenho. Sugeriu-se que a entrada da proteína ao redor de *1,4 gramas por kilo de peso corporal alcance um limite. Assim, não há nenhuma necessidade de suplementos de proteína ou aminoácidos extras, desde que o indivíduo consuma uma dieta com a energia adequada para manter o peso corpóreo.* [2,3,4,5,6]

O exercício de *endurance* ou *atividade aeróbica* parece também alterar o metabolismo protéico. Atualmente, as recomendações da proteína para atletas de *endurance* (aqueles que praticam entre 2 a 3 horas por o dia de treinamento) são de 1,2 a 1,4 gramas por kilo de peso corporal. Do mesmo modo que os atletas de força, não há nenhuma necessidade de suplemento adicional de proteína (além dos níveis recomendados), desde que o indivíduo siga uma dieta balanceada. [4,5,6,7]

### Existe algum efeito colateral ao consumo excessivo de proteína?

Os efeitos colaterais possíveis ao consumo excessivo de proteína podem incluir o seguinte (mas não são os únicos):

a) a eliminação aumentada do cálcio na urina que, em longo prazo, pode causar reabsorção óssea, aumentando o risco de osteoporose;
b) a entrada excessiva de aminoácidos simples pode ser tóxica, pois grandes reservas de aminoácidos não são toleradas;
c) um estresse aumentado nos rins; e
d) desequilíbrios metabólicos aumentados e atividade do neurotransmissor alterada.[2,4,5,8]

Em resumo, não se pode negar a importância do consumo apropriado da proteína para o indivíduo altamente ativo. A pesquisa atual indica que, contanto que o consumo diário de energia seja adequado, o consumo diário de proteína entre 1,0 a 1,4 gramas/kg do peso de corpo é suficiente para aqueles que treinam vigorosamente. *Assim, não há necessidade de suplemento adicional além dos valores recomendados (isto é, a maioria de adultos necessita somente de 0,8 gramas da proteína por quilograma do peso corporal por dia).*

## Conclusão

Como o carboidrato e a gordura, a proteína desempenha um papel importante para funcionamento apropriado do corpo humano durante o metabolismo de energia.

## *Referências*

1) THE COOPER INSTITUTE FOR AEROBICS RESEARCH. *The Physical Fitness Specialist Course*. 2000.

2) GARLICK, P.; MCNURLAN, M.; PATLAK, C. Adaptation of protein metabolism in relation to limits to high dietary protein intake. *European Journal of Clinical Nutrition*. v. 53 (suppl.), p. S34-43, 1999.

3) LEMON, P. Influence of dietary protein and total energy intake on strength improvement. *Gatorade Sports Science Exchange*. v. 2, n. 14, 1989

4) _____. Is increased dietary protein necessary or beneficial for individuals with a physically active lifestyle? *Nutrition Reviews*. v. 54, n. 4, p. S169- S175, 1996.

5) _____. Beyond the zone: protein needs of active individuals. *Journal of the American College of Nutrition*. v. 19, n. 5, p. 513S – 521S, 2000.

6) ADA REPORT. Position of the American dietetic association, dietitians of Canada and the American College of Sports Medicine: Nutrition and Athletic Performance. *Journal of the American Dietetic Association*. v. 100, n. 12, p. 1543-1556, 2000.

7) WAGEN MAKER, A. *Muscle Amino Acid Metabolism at rest and during exercise*:Role in human physiology and metabolism. p. 287-309.

8) JACKSON, A. Limits of adaptation to high dietary protein intakes. *European Journal of Clinical Nutrition*. v. 53 (suppl.), p.S44- 52, 1999.

9) GROFF, J.; GROPPER, S.; HUNT, S. *Advanced Nutrition and Human Metabolism*. 2ed. 1995.

10) MCARDLE, W.; KATCH, F.; KATCH, V. *Exercise Physiology*: Energy, Nutrition and Human Performance. 5ed. 2001.

11) REEDS, P. et al. Criteria and significance of dietary protein sources in humans. *Journal of Nutrition*. v.130, p. 1874S-1876S, 2000.

12) TOME, D.; BOS, C. Criteria and significance of dietary protein sources in humans. *Journal of Nutrition*. v. 130, p. 1868S-1873S, 2000.

# Capítulo 4
# Metabolismo

## O que é metabolismo?

Refere-se a todas as reações químicas que ocorrem no corpo e sustentam o funcionamento vital do mesmo. Incluem também: a) produção de energia (por exemplo, a quebra dos carboidratos e das gorduras), b) a quantidade de calor produzido ou liberado durante uma reação química e também como o produto final da tal reação.

A *taxa metabólica* é a taxa de liberação de calor durante uma reação química. Ela é expressa, geralmente pela unidade de *calorias*. Assim, o termo caloria (kilocaloria – kcal=1000 calorias) é definida pela quantidade de calor necessária para elevar 1 kilograma de água a 1 grau Celsius.

*Taxa Metabólica Basal* (TMB) representa a produção de calor no corpo ou o nível mínimo de energia requerido diariamente para sustentar as funções vitais do corpo em estado estimulado. Essa taxa pode ser medida em laboratório com indivíduo em jejum (isto é, sem nenhum alimento nas 12 horas precedentes). O consumo pausado de oxigênio (calorimetria indireta) será medido por aproximadamente 10 minutos enquanto o indivíduo está em uma posição deitada e descansada. Também nenhuma atividade física deve ser executada pelo menos 24 horas antes do teste. A cada um litro de oxigênio consumido por minuto, aproximadamente 5kcal são gastas. Por exemplo, se um indivíduo consumir 0,4 litros de oxigênio por minuto durante o descanso, o seu gasto calórico será de, aproximadamente, 2kcal por o minuto e/ou 120kcal por a hora.

Além da taxa metabólica basal, é importante considerar a *Taxa Metabólica de Repouso* (TMR). Essa taxa é medida somando-se todo o processo metabólico das células ativas que são necessárias para o equilíbrio de energia e para manter as funções do corpo em descanso. Por exemplo, a energia para a absorção do alimento, a digestão, o metabolismo basal, o metabolismo dormente e o metabolismo de estímulo. Tipicamente, a taxa metabólica de repouso é medida entre 3 a 4 horas após uma refeição leve (consumo do oxigênio) sem atividade física prévia por diversas horas (de 3 a 4 horas). A TMR pode fornecer de 65 a 75% dos gastos de calorias diários. Uma outra opção para medir a taxa metabólica de repouso é usar a equação de *Harris-Benedict*. Esta fórmula é baseada no peso, na altura, na idade e no nível da atividade física do indivíduo (margem de erro de ± 10%).

Tipicamente os valores para taxa metabólica basal e de descanso podem diferir ligeiramente (isto é, os valores são expressos, geralmente, pela massa do corpo em quilograma ou em massa magra – caloria/minuto – kcal/minuto). Os valores da taxa metabólica de re-

| **Tabela 4.1 Equação de Harris-Benedict** |
|---|
| **1º passo: Determinar a taxa metabólica de repouso, seguindo a equação para homens ou mulheres.** |
| Homens: 66 + (6,22 x peso) + (12,7 x altura) – (6,8 x idade) |
| Mulheres: 665 + (4,36 x peso) + (4,32 x altura) – (4,7 x idade) |
| **2º passo: Determinar o total de calorias necessária diariamente, multiplicando a taxa metabólica de repouso x fator de atividade diária** |
| 1.1-1.2 = atividade diária muito leve (senta, andar, levantar).<br>1.3-1.4. = leve.<br>1.5-1.6 = moderada.<br>1.7-2.0 = pesada.<br>2.1-2.4 = atividade diária excepcionalmente pesada (por exemplo, competidor do triaton). |

pouso são, geralmente, 10 a 20% mais elevados do que a Taxa Metabólica Basal. Na média, a taxa metabólica basal nas mulheres pode variar de 1kcal/min (1, 150 a 1, 440 Kcal/dia). A taxa metabólica basal dos homens e ligeiramente mais elevada, >1Kcal/min (1, 580 a 1, 870 Kcal/dia).

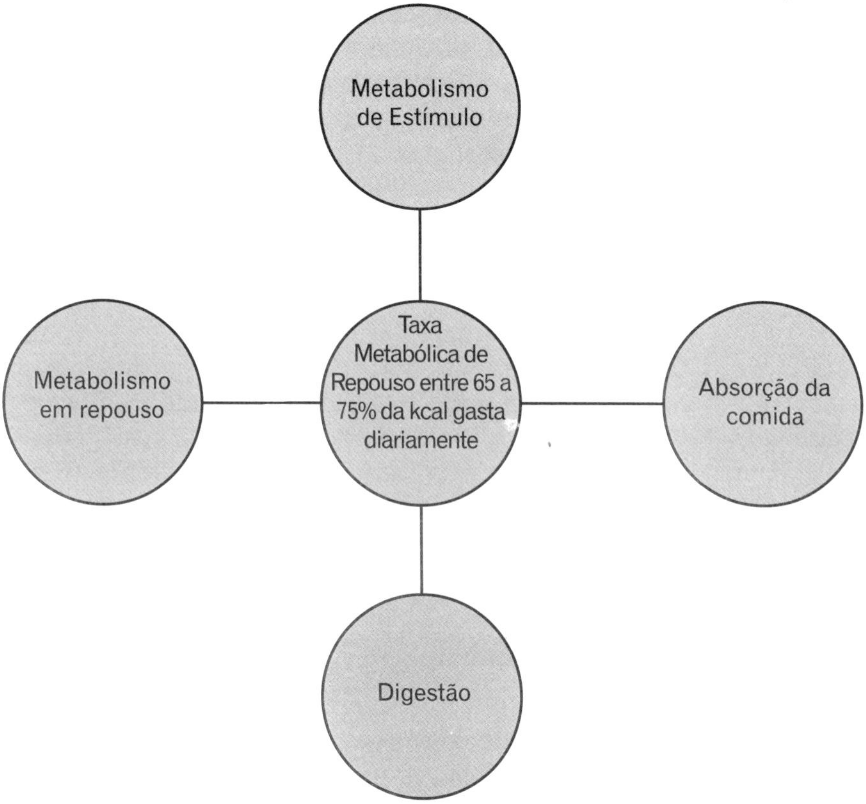


**Figura 4.1**

## *Como o corpo produz energia?*

A energia é produzida principalmente pela quebra dos macronutrientes como carboidratos, gorduras e a algumas proteínas. *O calor é o produto final de quase toda a energia liberada no corpo*. Por exemplo, somente 27% de toda a energia produzida pela oxidação do alimento será utilizada pelos sistemas funcionais das células e/ou para produção da Adenosina Trifosofato (ATP). Inversamente, aproximadamente 35% da energia dos alimentos transforma-se em calor durante a produção do ATP. Eventualmente, a maioria da energia expelida pelo corpo será convertida em "calor".

## *Uma vez que a energia é produzida, como ela é distribuída pelo corpo?*

O gasto energético total compreende três componentes principais:

1. Efeito Térmico da Alimentação (ETA).
2. Efeito Térmico da Atividade Física (ETAF).
3. Taxa Metabólica de Repouso (TMR).

O *Efeito Térmico da Alimentação* (ETA) é a energia usada para digestão e absorção de nutrientes do alimento. E ETA corresponde a, aproximadamente, 10% do gasto de energia total e desempenha uma pequena função no metabolismo total. O *Efeito Térmico da Atividade Física* (ETAF) corresponde a 15 a 30% da despesa calórica total (atividade física e cotidianas) e é um dos fatores principais que podem afetar o metabolismo. Finalmente, a *Taxa Metabólica de Repouso* (TMR) corresponde a 60 a 75% do

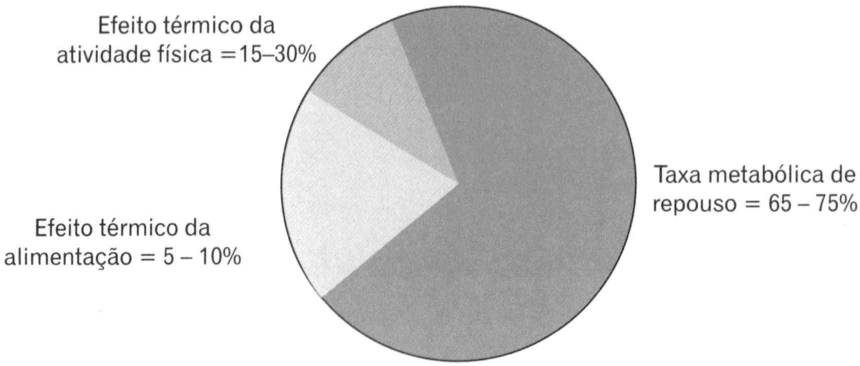


Componentes do gasto energético

**Figura 4.2**

gasto de energia diária (isto é, a energia requerida em repouso para manter as funções diárias vitais) e varia muito entre indivíduos.

Sendo assim, outros fatores que influenciam a taxa metabólica de repouso são:

- quantidade de massa magra;
- sexo;
- idade;
- caloria ingerida;
- atividade física.

### *Massa Muscular/Sexo*

Quanto maior a quantidade de massa muscular em um indivíduo, maior será sua taxa de metabolismo basal e de repouso. Assim, o tecido muscular tem uma atividade metabólica mais elevada do que o tecido adiposo. Isso pode explicar porque os homens, em geral, têm as taxa metabólicas mais elevadas (até 10%) em comparação com as mulheres (por exemplo, os homens possuem uma porcentagem elevada de massa muscular em relação as mulheres). Por exemplo, as mulheres entre 20 e 40 anos podem ter uma Taxa Metabólica Basal (TMB) média de 35kcal/h, comparado-se a 37kcal/h para os homens.

**Tabela 4.2 Consumo do oxigênio em repouso de vários tecidos do corpo para um homem de 65kg**

| Órgão | $O_2$(mL/min) | % Taxa metabólica de repouso |
|---|---|---|
| Fígado | 67 | 27 |
| Cérebro | 47 | 19 |
| Coração | 17 | 07 |
| Rins | 26 | 10 |
| Músculo esquelético | 45 | 18 |
| Outros | 48 | 19 |

Fonte: McArdle, W.; Katch, F.; Katch, V. [1]

### *Idade*

O processo de envelhecimento é associado a diminuição da Taxa Metabólica Basal e de Repouso (TMB/ TMR) durante a vida adulta. Isso ocorre devido ao aumento do tecido adiposo (por exemplo, massa de gordura) e à diminuição da atividade física. A taxa metabólica basal para as mulheres e os homens entre 55 e 75 anos de idade é entre 32 e 34kcal/h, respectivamente. Inversamente, as crianças têm uma taxa metabólica muito maior (2x a de um indivíduo adulto), em parte devido a sua síntese mais rápida de materiais celulares e também ao crescimento do corpo.

**Figura 4.3**

### *Ingestão calórica*

A energia gasta durante a ingestão de alimento (ETA) consiste de dois componentes:

1. Termogênese obrigatória.
2. Termogênese facultativa.

A termogênese obrigatória inclui a energia utilizada durante a digestão e absorção de nutrientes no alimento. A termogênese facultativa é associada à ativação do sistema nervoso simpático e ao seu efeito na taxa metabólica. Assim, a ingestão de uma refeição unida com exercício aumenta a despesa basal calórica do ETA. O ETA é responsável aproximadamente por 10% do gasto energético total de um indivíduo.

### Atividade Física

Durante a atividade física ocorre a queima de calorias, conhecida como Efeito Térmico da Atividade Física (ETAF). A maioria dos indivíduos pode alcançar a taxa metabólica de 10 vezes o valor de descanso ao executar "atividades aeróbicas" (correr, caminhar, nadar) continuamente. Assim, de 15 a 30% do total da despesa de energia diária vêm de atividade física. Isso se torna muito importante no treinamento de indivíduos que necessitem aumentar o gasto calórico para o controle do peso. A regularidade da atividade física diária trará certamente as mudanças metabólicas que afetarão o metabolismo total do indivíduo como também as suas taxas do tecido muscular e adiposo. Além disso, é também importante compreender o que acontece na *taxa metabólica de repouso pós-exercício.*

## Pós-exercício x Taxa metabólica de repouso

- Quanto a taxa metabólica de repouso aumenta no pós-exercício?
- E esse aumento é significativo?
- Qual é a diferença entre a taxa metabólica de repouso no pós-exercício de indivíduos treinados e não-treinados?
- Qual é a diferença da TMR pós-exercício cardiovascular x treinamento de força/musculação?

Contrariando a crença popular, onde a quantidade de calorias queimadas após o exercício de intensidade moderada (caminhada por 30 a 60 minutos ou Cooper 30 minutos) pode não ser tão grande quanto se imagina, no exemplo acima, entre 10 a 30 calorias extras podem ser queimadas no pós-exercício (de 30 a 60 minutos pós-atividade). A resposta a uma despesa calórica aumentada da pós-atividade dependerá, principalmente, da intensidade e da duração da atividade. Assim, atividades de longa duração e maior intensidade resultarão em uma maior queima de calorias.

## *Intensidade do exercício*

O gasto calórico de pós-atividade parece ser mínimo em exercícios de intensidade abaixo de 50% do $VO_2$máx (isto é, exercícios com menos de 60min de duração). Assim, a pós-energia gasta é pequena e pode durar por aproximadamente 30 minutos. Mesmo atividades que duram mais de 60 minutos (isto é, em aproximadamente 50% de $VO_2$máx) podem trazer um moderado gasto calórico (de 1 a 2 horas após). Por outro lado, as intensidades do exercício que excedem 70% de $VO_2$máx podem contribuir para uma maior pós-atividade da despesa (isto é, 15% do consumo total do $O_2$ do exercício).

---

**Dica: Para maximizar o gasto calórico do pós-exercício focalize nas intensidades do exercício iguais ou maiores de 70% de $VO_2$máx a, no mínimo, de 45 a 60 minutos de duração.**

---

## *Indivíduos treinados x não-treinados*

Parece que os indivíduos aerobicamente treinados têm o gasto calórico de pós-exercício mais curto quando comparados aos indivíduos não-treinados em intensidades similares do exercício. Os indivíduos treinados podem ter um consumo de oxigênio mais elevado durante a atividade (e despesa calórica maior), embora haja pouca diferença na despesa calórica pós-atividade quando comparado ao indivíduo não-treinado. Os indivíduos assim treinados têm uma taxa mais rápida da recuperação (isto é, recuperação/declínio mais rápidos do volume de oxigênio inicial; declínio mais rápido do batimento cardíaco).

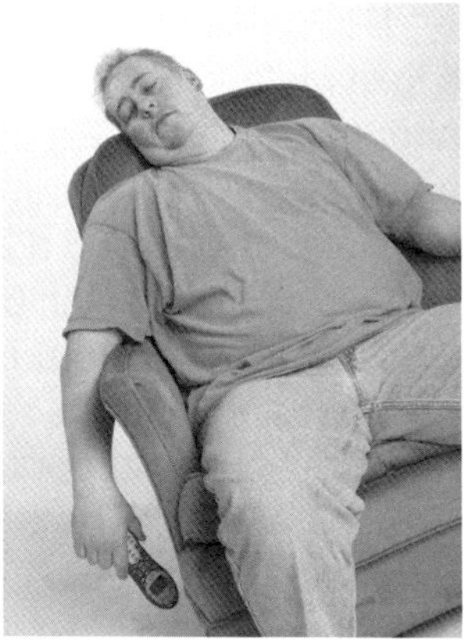

**Figura 4.4**

---

Dica: O indivíduo aerobicamente treinado terá um gasto calórico maior durante a atividade do exercício comparado aos indivíduos não-treinados. Focalizar a duração e a intensidade da atividade para os gastos calóricos máximos (isto é, 70% de $VO_2$máx, com duração de 45 a 60 minutos).

---

## *Cardiovascular x Treinamento de Força*

**Figura 4.5**

É importante ter em mente que o aumento da massa magra realçará a taxa metabólica de repouso. Por exemplo, a cada 0,45kg de músculo ganho, tem-se entre 7 a 10 kcal gastos por dia. A maioria de indivíduos que começam um programa de exercício (isto é, treinamento da resistência) pode ganhar de 1,5 a 2,5kg de massa muscular por ano. Entretanto, o aluno necessita estar ciente de que o aumento do metabolismo na pós-atividade é mínimo. Por exemplo, ao comparar atividades cardiovasculares x treinamento de força com mesma duração e intensidade, uma diferença muito pequena é encontrada na taxa metabólica de repouso da pós-atividade e também na oxidação de nutrientes (*gordura, carboidrato, proteína*). A chave para o gasto calórico eficiente remanesce ainda na duração e na intensidade da atividade.

**Dica: Focalizar as calorias gastas durante a atividade. Exercitar em intensidade maior do que 70% de $VO_2$máx, com duração entre 45 a 60 minutos.**

## *Existe diferença na taxa metabólica de indivíduos treinados e não-treinados?*

**Figura 4.6**

A Taxa Metabólica de Repouso (TMR) de indivíduos treinados e não-treinados pode variar de acordo com pós-exercício e o tempo de descanso (entre 24h, 36h, 48h e/ou 56 horas), a intensidade e a duração do exercício e o contrapeso de energia (ou seja, alto gasto energético x baixo gasto energético e/ou balanço energético positivo x negativo). Por exemplo, diversos estudos relataram valores aumentados da taxa metabólica de repouso em indivíduos treinados até a pós-atividade de 2 dias quando comparados aos não treinados.[2,3,4] Outros estudos não relataram nenhuma diferença em TMR (treinados x não-treinados) após atividade de 2 a 2,5 dias.[5,6] O estado de equilíbrio energético (superalimentar x jejum) nos indivíduos pode afetar a taxa metabólica de repouso da pós-atividade. Por exemplo, a taxa metabólica de repouso foi menor em atletas que estavam com déficit de energia.[7] Em contraste, a TMR foi encontrada elevada em atletas que estavam em um contrapeso de energia positivo quando comparados aos indivíduos não treinados. [2,3,4,14]

---

**Dica: Focalizar na freqüência (de 3 a 4 vezes por semana), duração (de 45 a 60 minutos.), gasto energético e intensidade (70% $VO_2$máx) da atividade do exercício como também no consumo de caloria adequada (isto é, equilíbrio energético). A taxa metabólica de repouso pode ser cronicamente elevada nos indivíduos treinados devido ao efeito agudo da atividade diária ou freqüência do exercício, e não há uma adaptação ao exercício crônico.**

---

## *Como aumentar a taxa metabólica de repouso?*

A Taxa Metabólica de Repouso (TMR) é extremamente afetada pela quantidade de massa muscular. Assim, a combinação de atividades aeróbicas e de treinamento de resistência afetará, certamente, a taxa de massa muscular e adiposa do corpo. Por exemplo, atividades aeróbicas (caminhar, andar, nadar) quando executadas por, no mínimo, 30 minutos ou mais (3 a 5 x por semana) realçarão a habilidade do corpo de queimar gordura para produção de energia. Além disso, as atividades de treinamento de resistência (musculação) realçarão a habilidade do corpo de aumentar a massa muscular. A Taxa Metabólica de Repouso (TMR) aumentará entre 7 a 10 kcal/dia para cada 0,45kg de músculo ganho. Em longo prazo, a Taxa Metabólica de Repouso (TMR) será elevada, afetando assim o gasto de energia total diária.

---

**Dica: Focalizar na realização semanal freqüente do exercício incluindo uma combinação de atividades aeróbicas e de resistência.**

---

## *O que causa a diminuição ou o retardamento da taxa metabólica de repouso?*

Uma vez que a taxa metabólica de repouso é afetada pela quantidade de massa muscular no corpo, qualquer diminuição no tecido muscular afetará o seu metabolismo. Por exemplo, a falta da atividade física conduzirá a uma diminuição na massa total do músculo no corpo, afetando o seu metabolismo. Também, in-

**Figura 4.7**

divíduos que ingerem uma baixa quantidade de calorias seguidas pela perda rápida do peso sinalizarão ao corpo uma modalidade de "proteção". O corpo, por sua vez, retarda o seu metabolismo a fim de conservar energia. A falta da atividade física, uma diminuição na massa total do corpo (isto é, perda de peso) e uma entrada calórica baixa do alimento afetam a Taxa Metabólica de Repouso (TMR).

---

**Dica: Permanecer ativo e manter uma dieta equilibrada todos os da dias da semana.**

---

## Quais são os benefícios de mensurar a taxa metabólica de repouso?

A mensuração correta da taxa metabólica de repouso poderá proporcionar:

- estimativa total de calorias gastas por dia;
- estabelecimento de objetivos desejáveis para a perda ou ganho de peso;
- otimização do gasto calórico total.

Assim poderá ser determinado se o individuo necessita se exercitar mais ou menos a fim de alcançar o seu objetivo/meta. Ganho ou perda de peso.

## Como a taxa metabólica de repouso é medida?

A taxa metabólica pode ser estimada através de:

- *calorimetria direta*, ou seja, o individuo é colocada em um câmara-calorímetro. A produção de calor do individuo é medida diretamente – método *standard-gold*;
- *calorimetria indireta* – mensuração do consumo do oxigênio, medida, geralmente, em um laboratório utilizando um espiriometro. Assim, um litro do oxigênio produz, aproximadamente, 5kcal. Atualmente, existem dispositivos portáteis que podem medir a taxa fora do laboratório (por exemplo, *BodyGem*);

- *equação de Harris-Benedict* – fórmulas preditas que utilizam o peso e a altura do corpo. Embora válidas estas equações não produzem resultados exatos (± 10% de margem de erro).

## Conclusão

O metabolismo é afetado por diversos fatores, principalmente à freqüência na atividade física. A maior causa da diminuição ou de retardo do metabolismo nos adultos é, em parte, devido a uma diminuição na atividade física durante a vida diária. É imperativo que, a fim de se manter um metabolismo ativo e eficiente, é necessário que o indivíduo participe de uma atividade física moderada na maioria dos dias da semana.

## Referências

1) MCARDLE, W.; KATCH, F.; KATCH, V. *Exercise Physiology*: Energy, Nutrition and Human Performance. 5ed. 2001

2) POELHMAN, E.T; DANFORTH, E. Endurance training increases metabolic rate and norepinephrine appearance rate in older adults. *Am J Physiology*. v. 261, p. E233-239, 1991.

3) POELHMAN, E.T.; GARNDER, A.W.; GORAN, M.I. Influence of endurance training on energy intake, norepinephrine kinetics and metabolic rate in older individuals. *Metabolism*.v. 41, p. 941-948, 1992.

4) POELHMAN, E.T.; MELBY, C.L.; BADYLAK, S.F.; CALLES, J. Aerobic fitness and resting energy expenditure in young adult males. *Metabolism*.v.38, p. 85-90), 1989.

5) HERRING, J.L.; MOLE, P.A.; MEREDITH, C.N.; STERN, J.S. Effect of suspending exercise training on resting metabolic rate in women. *Med Sci Sports Exerc*. v. 24, p. 59-65, 1992.

6) SCHULZ, L.O.; NYOMBA, B.L.; ALGER, S. Effect of endurance training on sedentary energy expenditure measured in a respiratory chamber. *Am J Physiol*. v. 260, p. E257- 261, 1991.

7) MELBY, C.L.; SCHMIDT, W.D.; CORRIGAN, D. Resting metabolic rate in weight-cycling collegiate wrestlers compared to physically active no cycling control subjects. *Am J Clin Nutr*. v. 52, p. 409-414, 1992.

8) ARNOS, P.; SOWASH, J.; ANDRES, F. Fat oxidation at varied work intensities using different exercise modes. *Medicine and Science in Sports and Exercise*. v. 29, n. 5, p. S199, 1997.

9) BRAUN, B.; HORTON, T. Endocrine regulation of exercise substrate utilization in women compared to men. *Exercise Sport Science Review*. v. 29, n. 4, p. 149-154, 2001.

10) BULLOUGH, R. et al. Interaction of acute changes in exercise energy expenditure and energy intake on resting metabolic rate. *American Journal of Clinical Nutrition*. v. 61, p. 473-481, 2005.

11) VELLA, C.; KRAVITZ, L. Gender differences in fat metabolism. *IDEA Health and Fitness Source*. p. 32-46, 2002.

12) HORTON, T. et al. Fuel metabolism in men and women during and after long-duration exercise. *Journal of Applied Physiology*. v. 85, n. 5, p. 1823- 1832, 1998.

13) HOROWITZ, J. Regulation of lipid mobilization and oxidation during exercise in obesity. *Exercise Sport Science Review*. v. 29, n. 1, p. 42-46, 2001.

14) HOWLEY, E.; DUNCAN, g.; DEL CORRAL, P. Optimum intensity of exercise for fat oxidation. *Medicine and Science in Sport and Exercise*. v. 29, n. 5, p. S199, 1997.

15) JEUKENDRUP, A.; SARIS, W.; WAGENMAKERS, A. Part 1: Fatty acid mobilization and muscle metabolism. *International Journal of Sports Medicine*. v. 19, p. 231- 244, 1998.

16) JEUKENDRUP, A. Part 2: Regulation of metabolism and the effects of training. *International Journal of Sports Medicine*. v. 19, p. 293- 302, 1998.

17) LABROS, S. et al. Regulation of plasma fatty acid oxidation during low- and high-intensity exercise. *American Journal of Physiology*. v. 272, p. E1065- E1070, 1997.

18) SPRIET, L. Regulation of skeletal muscle fat oxidation during exercise in humans. *Medicine and Science in Sports and Exercise*. v. 34, n. 9, p. 1477-1484, 2002.

19) ROBERTS, T. et al. *The Journal of Experimental Biology*. v.199, p. 1651-1658, 1989.

20) ROMIJN, J. et al. Relationship between fatty acid delivery and fatty acid oxidation during strenuous exercise. *Journal of Applied Physiology*. v. 79, n. 6, p. 1939-1945, 1995.

21) AMERICAN COLLEGE OF SPORTS MEDICINE (1995). *Guidelines for Exercise Testing and Prescription*. 5ed, 1995.

22) MCARDLE, W.; KATCH, F.; KATCH, V. *Essentials of Exercise Physiology*. Lea and Febiger, 1994.

23) U.S. DEPARTMENT OF HEALTH AND HUMAN SERVICES. *Physical Activity and Health: A Report of the Surgeon General*. Atlanta, GA: U.S. Department of Health and Human Services, Centers for Disease Control and Prevention, National Center for Chronic Disease Prevention and Health Promotion, 1996.

24) THE COOPER INSTITUTE FOR AEROBICS RESEARCH: *Physical Fitness Specialist Manual*, 2000.

25) BROOKS,G.; MERCIER, J. Balance of CHO and lipid utilization during exercise: the "crossover"concept. *J.Appl. Physiology*. v. 76, n. 6, p. 2253-2261, 1994.

26) JAKICIC, J.M. Effect of exercise duration and intensity on weight loss in overweight, sedentary women. *JAMA*. v. 290, n. 10, p. 1323-1330, 2003.

27) NIEMAN, D. *ACSM Health and Fitness Journal*. v. 7, n. 3, 2003.

28) OTTO, A.; JAKICIC, J.M. Establishing Eating Essentials for Weight loss. *ACSM- Fit Society*. p. 1-9, 2004.

29) PAEZ, C.; KRAVITZ, L. Exercise vs. Diet in weight Loss. *IDEA Personal Trainer*, 2002.

30) MELANSON, E.L. et.al. Resistance and Aerobic exercise have similar effects on 24-h nutrient oxidation. *MSSE*. v. 34, n. 11, p. 1793-1800, 2002.

31) HERRING, J.L. et al. Effect of suspending exercise training on resting metabolic rate in women. *Med Sci Sports Exerc*. v. 24, p. 59-65, 1992.

32) SCHULZ, L.O.; NYOMBA, B.L.; ALGER, S. Effect of endurance training on sedentary energy expenditure measured in a respiratory chamber. *Am J Physiol*. v. 260, p. E257- 261, 1991.

33) MELBY, C.L.; SCHMIDT, W.D.; CORRIGAN, D. Resting metabolic rate in weight-cycling collegiate wrestlers compared to physically active noncycling control subjects. *Am J Clin Nutr*. v. 52, p. 409-414, 1990.

34) MCARDLE, W.; KATCH, F.; KATCH, V. *Exercise Physiology*: Energy, Nutrition and Human Performance. 5ed. 2001.

# Capítulo 5
# Reposição Energética

*Qual é o melhor combustível para o corpo antes, durante e depois da atividade física?*

**Figura 5.1**

Agora que nós compreendemos o papel dos sistemas de substratos da energia do corpo – carboidrato, gordura e proteína – com relação à atividade física, torna-se imperativo saber "*quando*" e "*o que*" consumir para otimizar o desempenho e a recuperação.

Sabe-se que os carboidratos são a principal fonte de energia para os exercícios anaeróbico e aeróbico. O corpo necessita de uma quantidade mínima de glicose circulando no sangue para a produção de energia apropriada durante a atividade, ou seja, 100mg.dl-1. Além disso, a oxidação da gordura durante a atividade requer também uma quantidade mínima de glicose no sangue (isto é, > 65mg.dl-1) antes que se instaure a fatiga. Assim, a "*chave*" para realçar o desempenho é saber quando e como abastecer o corpo antes, durante e após a atividade física.

**Figura 5.2**

## O que deve ser consumido antes da atividade física?

### Atividade de endurance/aeróbica

Um consumo médio a elevado de carboidrato (de 200 a 350 gramas) dentro de 3 a 6 horas antes do exercício. Deve-se ter em mente de que se leva, aproximadamente, entre 3 a 4 horas para que o corpo absorva 100 gramas de carboidrato. Portanto, três horas antes de uma sessão de treinamento, o consumo de carboidrato deve ser limitado aproximadamente, 3 gramas/kg de peso (ou seja, mulheres = 58kg x 3g = 174 gramas de carboidratos). Uma hora antes do exercício, o consumo de carboidrato deve ser limitado a 50 gramas ou 1,1gr/kg de peso (isto é, mulheres = 58 kg x 1,1= 64 gramas de carboidratos).

**Figura 5.3**

**Tabela 5.1 Carboidratos (gramas)**

| Alimento | Porção | Calorias | Carboidratos |
|---|---|---|---|
| Bagel | ½ | 85 | 15 g |
| Pão | 1 | 105 | 15 g |
| Cereais | ½ | 60 | 10 g |
| Biscoitos de Graham | 2 fatias | 75 | 15 g |
| Aveia | ½ copo | 80 | 15 g |
| Arroz (integral) | ½ copo | 115 | 25 g |
| Tortilla | 1 | 85 | 15 g |
| Maçã | 1 média | 80 | 20 g |
| Banana | 1 | 105 | 25 g |
| Tamâras secas | 5 | 115 | 30 g |
| Laranja | 1 | 65 | 15 g |
| Uva passa | 1/3 copo | 150 | 40 g |
| Batata (cozida) | 1 grande | 220 | 50 g |
| Batata doce | 1 grande | 120 | 30 g |

Fonte: Duyff, R. [1]

### Treinamento de resistência

Uma combinação de carboidratos com proteínas (isto é, 50 gramas de carboidrato e 14 gramas da proteína) é recomendada entre 1 e 2 horas antes do treinamento. Por exemplo, dois pedaços de pão de cereais com duas colheres de manteiga de amendoim; um yogurte médio com ¼ de (xícara ) passas; pão de trigo com ½ copo de suco de uva; pão de cereais com grão de bico; barra energética (*Power Bar*) e bebida isotônica (1 copo de Gatorade).

## O que pode ser consumido durante a atividade física?

### Atividade de endurance

Para as atividades que duram mais de 90 minutos, sugere-se que o carboidrato seja consumido em uma taxa de 30 a 60 gramas por a hora durante toda a atividade (por exemplo, uma barra energética – *Power Bar* – a cada hora de atividade). O carboidrato também pode ser consumido através das bebidas isotônicas em uma taxa de 600 a 1,200 mililitros por hora.

### Treinamento de resistência

A quantidade exata de carboidratos durante o treino de resistência não foi estabelecida. Como na atividade de *endurance*, é seguro sugerir que a entrada de carboidratos sob a forma de bebidas isotônicas em uma taxa de 0,5L – 1,2L/h poderia ser benéfica para as sessões do treinamento que duram mais do que 90 minutos.

## O que pode ser consumido depois da atividade física?

### Atividade de endurance/aeróbicas e de resistência muscular (musculação)

Uma combinação de carboidrato e proteína mais uma bebida deve ser consumida dentro de duas horas pós-atividade. Por exemplo, 50 gramas de carboidrato e de 10 a 15 gramas da proteína com líquido (bebidas isotônicas, barras energéticas, pão de grão integral com grão de bico, suco de maçã, yogurte sem gordura com nozes e frutas secas).

**Figura 5.4**

## *O corpo em equilíbrio*

A chave para o funcionamento e/ou desempenho apropriados do corpo é manter o equilíbrio nutritivo apropriado durante todo o dia. Não há nenhuma "pílula mágica" que realçará o desempenho do corpo, mas o consumo de uma dieta bem-equilibrada. De acordo com diversas organizações nacionais, incluindo o AHA, NIH, ADA e CI, as escalas dietéticas recomendadas para a maioria dos americanos são:

**TABELA 5.2 ESCALA DIETÉTICA RECOMENDADA**

| | |
|---|---|
| Carboidratos | De 45% a 65% de calorias totais (mínimo de 130 gramas/dia) |
| Gordura | De 20% a 35% de calorias totais |
| Proteína | De 10 a 35% de calorias totais |

Para um maior aprofundamento em alimentação e nutrição, consulte o *site* www.mypyramid.gov (sistema de orientação sobre alimentação).

## Referências

1) DUYFF, R. Complete Food and Nutrition Guide. 2ed. *American Dietic Association*. 2002.

2) BELL-WILSON, J. The Buzz about Nutrient Timing. *IDEA Fitness Journal*. 2005.

3) HARGREAVES, M. Carbohydrate ingestion and exercise effects on metabolism and performance. *Gatorade Sports Science Institute*. v. 12, n. 4, p. 1-4, 1999.

4) MURRAY, B. Fluid Replacement: The American College of Sports Medicine Stand. *Gatorade Sports Science Institute*. v. 9, n. 4, p. 1-5, 1996.

5) UNITED STATES DEPARTMENT OF AGRICULTURE (USDA, 2005).

www.mypyramid.gov.

# Conceitos sumários

• O corpo humano utiliza três fontes energéticas: carboidratos, lipídios (gorduras) e um mínimo de proteína.

• O carboidrato é o combustível mais importante para o corpo em repouso e durante o exercício.

• A depleção e/ou falta de carboidrato durante a atividade física podem causar efeitos colaterais prejudiciais, incluindo a inabilidade do corpo humano de continuar o trabalho. O corpo irá "chegar ao seu limite".

• Os lipídios simples são uma importante fonte de energia durante a atividade física (por exemplo, ácidos graxos e triglicérides).

• Os ácidos graxos são armazenados no corpo sob a forma de triglicérides.

• A maior parte da gordura do corpo nos seres humanos é armazenada no tecido adiposo visceral subcutâneo e profundo.

• No conceito do *crossover*, a energia produzida da oxidação de carboidrato será maior do que a energia da oxidação da gordura quando a intensidade do exercício aumentar.

• As gorduras entram em combustão em uma chama de carboidratos.

• As proteínas são formadas por blocos conhecidos como aminoácidos.

• O excesso ou a falta da entrada da proteína causa efeitos prejudiciais no corpo.

• Os aminoácidos são classificados em: essenciais (encontrados na dieta) e não-essenciais (sintetizados pelo corpo).

• As proteínas completas têm todos os aminoácidos essenciais (fonte animal e de plantas).

• Nas proteínas incompletas estão ausentes um ou mais dos aminoácidos essenciais (por exemplo, grãos e legumes).

• O consumo excessivo de proteína pode ser utilizado para sintetizar a glicose, ácidos graxos ou cetonas ( carbono esquelético dos aminoácidos).

• Entrada recomendada de proteína pela RDA - 0,8 gramas por quilo de peso corporal.

• Os atletas de *endurance* e resistência muscular podem requerer um consumo ligeiramente mais elevado da proteína: entre 1,2 a 1,4 gramas por quilo de peso corporal.

• O ciclo da alanina-glicose pode fornecer entre 10 a 15% da exigência de energia total do exercício.

• O termo metabolismo refere-se a todas as reações químicas que ocorrem no corpo para sustentar a função vital do mesmo e também a produção da energia.

• A Taxa Metabólica Basal (TMB) representa a produção de calor no corpo durante o repouso.

• Para cada litro de oxigênio consumido por minuto, aproximadamente 5kcal são gastas em repouso.

• A Taxa Metabólica de Repouso (TMR) representa o somatório de todos os processos metabólicos da massa celular ativa necessária para o equilíbrio energético e o funcionamento do corpo em repouso.

• TMR representa entre 65 a 75% do gasto calórico diário total de um indivíduo.

• Gasto diário de energia = efeito térmico do alimento + efeito térmico da atividade física + taxa metabólica de repouso.

• O Efeito Térmico da Atividade Física (ETAF) pode fornecer entre 15 a 30% da despesa calórica total.

• A Taxa Metabólica de Repouso (TMR) é influenciada por: a) quantidade de massa muscular; b) sexo c) idade d); entrada de calorias e) atividade física.

• Taxa Metabólica de Repouso x pós-atividade: para maximizar a despesa calórica da pós-atividade, deve-se focalizar a intensidade do exercício igual ou superior a 70% do $VO_2$máx por, no mínimo, 45 a 60 minutos.

• Taxa Metabólica de Repouso em indivíduos treinados e não-treinados: os indivíduos aerobicamente treinados têm uma despesa calórica elevada durante a atividade física se comparados aos indivíduos não-treinados. Focalizar na duração e intensidade da atividade para gastos calóricos máximos.

• Taxa Metabólica de Repouso em indivíduos treinados x não-treinados: a taxa metabólica de repouso pode ser cronicamente elevada em indivíduos treinados, devido ao efeito acumulativo agudo da atividade diária do exercício do que uma adaptação ao exercício crônico.

• A Taxa Metabólica de Repouso é afetada pela quantidade de massa muscular. Para 0,45kg de músculo ganho, entre 7 a 10kcal são gastas por dia.

• E recomendável um consumo médio/alto de carboidratos antes do treinamento de *endurance*/aeróbico.

• A combinação de carboidratos e proteínas deve ser consumida antes do treinamento de resistência/musculação.

• Carboidratos devem ser consumidas durante as atividades aeróbicas que durem mais de 90 minutos.

• A combinação de carboidratos e proteínas deve ser consumida dentro das primeiras 2 horas pós-atividade.

• A escala dietética recomendada para a maioria dos americanos: % total do consumo calórico diário : carboidratos (45-65%); gorduras (20-35%) e proteínas (10-35%).

# Glossário

**Carboidrato:** composto molecular formado por uma combinação de átomos de carbono, hidrogênio e oxigênio, conhecido como "açúcar".

**Lipídios:** ou gorduras, um grupo misto de componentes moleculares insolúveis em água e solúveis em solventes apolares, como gorduras, óleos e ceras.

**Proteínas:** complexo molecular encontrado nas células e nos tecidos do corpo humano.

**Monossacarídeos:** tipo de carboidrato que as moléculas carregam um açúcar simples em sua estrutura, conhecido como "açúcar simples".

**Oligossacarídeos:** tipo de carboidrato formado por uma combinação de duas moléculas de monossacarídeos, "açúcar duplo".

**Polissacarídeos:** tipo de carboidrato formado por três ou mais moléculas de açúcar simples.

**Glicose:** carboidrato monossacarídeo, "açúcar do sangue".

**Frutose:** carboidrato monossacarídeo, "açúcar da fruta".

**Galactose:** carboidrato monossacarídeo, "açúcar do leite".

**Amido:** carboidrato polissacarídeo vegetal, "carboidrato complexo".

**Celulose:** carboidrato polissacarídeo vegetal, "fibra dietética".

**Glicogênio:** polissacarídeo animal armazenado sob forma de glicose no corpo (no fígado e nos músculos).

**Cetose:** formação de corpos cetônicos no fígado devido à oxidação de ácidos graxos utilizados na produção de glicose.

**Corpos cetônicos:** corpos de cetona.

**Glicose aeróbica:** processo metabólico onde a glicose é oxidada na presença de oxigênio para a produção de ATP.

**Glicose anaeróbica:** processo metabólico onde a glicose é oxidada na ausência de oxigênio para a produção de ATP.

**ATP:** adenosina trifosfato, energia produzida através da glicose anaeróbica e aeróbica.

**Hormônio:** substância química cuja principal ação é alterar a taxa de uma reação química.

**Glândula:** órgão hospedeiro do sistema endócrino.

**Epinefrina:** hormônio secretado pela medula adrenal no início do exercício. Responsável pelo catabolismo glicogênico e pela liberação de ácido graxo para a produção de energia.

**Noraepinefrina:** hormônio secretado pela medula adrenal no início do exercício. Responsável pelo catabolismo glicogênico e pela liberação de ácido graxo para a produção de energia.

**Insulina:** hormônio secretado pelo pâncreas. Responsável pelo transporte da glicose nas células e também pelo catabolismo dos carboidratos.

**Glucagon:** hormônio secretado pelo pâncreas durante o exercício. Libera a glicose do fígado para o sangue e aumenta o metabolismo de gordura/ácidos graxos ("produção de energia").

**Cortisol:** hormônio secretado pelo córtex adrenal durante o exercício vigoroso. Promove o uso de ácidos graxos e do catabolismo da proteína para a produção de energia.

**Corticosterona:** hormônio secretado pelo córtex adrenal durante o exercício vigoroso. Promove o uso de ácidos graxos e do catabolismo da proteína para a produção de energia.

**Ciclo de Krebs/Ciclo do ácido cítrico:** ponte metabólica situada na célula mitocondral, ocorre durante o metabolismo aeróbico.

**Lipídios:** é um grupo misto de componentes insolúveis em água e solúveis em solventes apolares, como gorduras, óleos e ceras.

**Lipídios simples:** componentes químicos envolvidos na produção de energia para atividade física – ácidos graxos e triglicérides.

**Lipídios complexos:** componentes químicos envolvidos em diversas funções: componentes das membranas celulares (fosfolipídios), tecidos do corpo (glicolipídios) e transporte dentro da corrente sanguínea (lipoproteína).

**Ácidos graxos:** componentes químicos encontrados nos lipídios, "blocos de construção de lipídios".

**Triglicérides:** tipo de lipídio simples envolvidos na produção de energia.

**Fosfolipídios:** tipo de lipídio complexo encontrado nas membranas das células do cérebro, músculos e tecido nervoso.

**Lipoproteínas:** tipo de lipídios complexos. Fornece e transporta lipídios a diferentes células.

**Lipólise:** processo químico onde os ácidos graxos são liberados do tecido adiposo pela quebra dos triglicérides.

**Conceito de *crossover*:** ponto onde a oxidação do carboidrato é maior do que a oxidação da gordura quando a intensidade do exercício aumenta.

**$VO_2$máx:** quantidade máxima de oxigênio utilizada pelos músculos sob trabalho de estresse máximo.

**Oxalocetato:** um dos produtos intermediários da quebra de carboidrato durante o metabolismo aeróbico – ciclo do ácido cítrico/ciclo de Krebs.

**Acetil-CoA:** componente químico intermediário, formado pela quebra do piruvato e/ou ácido graxo.

**Proteínas:** moléculas complexas encontradas nas células e nos tecidos do corpo humano.

**Aminoácidos:** blocos construtores de proteínas. Aminoácidos são ligados por "blocos de peptídeos".

**Aminoácidos essenciais:** são aminoácidos que não podem ser sintetizados pelo corpo e, portanto, devem ser adquiridos pela alimentação.

**Aminoácidos não-essenciais:** são os aminoácidos que são sintetizados pelo corpo.

**Proteínas complexas:** proteínas que provêm da alimentação e fornecem todos os aminoácidos essenciais (animais e vegetais).

**Proteínas incompletas:** estão ausentes um ou mais dos aminoácidos essenciais (produtos não animal).

**Catabolismo:** quebra de componentes químicos.

**Anabolismo:** síntese de componentes químicos.

**Desaminação:** processo químico onde os aminoácidos perdem um grupo amina/nitrogênio da sua molécula.

**Gluconeogênese:** ponte metabólica onde a glicose é sintetizada.

**RDA:** recomendação dietéticas estabelecidas pelo órgão de controle alimentícios de nutrição pela Academia Nacional de Ciência (USA).

**Taxa metabólica:** taxa de liberação de calor durante uma reação química expressa pela unidade de medida: calorias/minuto.

**Taxa Metabólica Basal (TMB):** mínimo de energia exigido diariamente para sustentar as funções vitais do corpo no estado de repouso.

**Taxa Metabólica de Repouso (TMR):** nível da energia que mantém ativos os processos metabólicos nas células necessárias para o equilíbrio energético e para manter as funções vitais do corpo em repouso.

**Equação de Harris-Benedict:** fórmula usada para estimar a taxa metabólica de repouso (margem de erro de ± 10%).

**Calorimetria direta:** teste de laboratório usado para medir a taxa metabólica basal ou de repouso. O indivíduo é mantido dentro de um calorímetro e a quantidade de calor é medida diretamente.

**Calorimetria indireta:** teste de laboratório para medir o consumo de oxigênio via espiriometro para a taxa metabólica basal ou de repouso.

# Abreviações

**CHO** = Carboidrato

**AG** = Ácidos Graxos

**$VO_2$máx** = Volume de Oxigênio Máximo

**$O_2$** = Oxigênio

**TMB** = Taxa Metabólica Basal

**TMR** = Taxa Metabólica de Repouso

**ETA** = Efeito Térmico do Alimento

**ETAF** = Efeito Térmico da Atividade Física

**kcal** = 1 quilo caloria

**AA** = Aminoácidos

**RDA** = Recomendação Dietética

**kg** = quilograma

**ATP** = Adenosina Trifosfato

## Dra. Carla Botelho Sottovia

## IDEA PERSONAL TRAINER INTERNACIONAL DO ANO, 2005

Dra. Sottovia atualmente atua como Diretora Assistente de Fitness/Senior Personal Trainer/ Professora Adjunta do famoso *Cooper Aerobic Center,* localizado em Dallas/EUA. Nos últimos 19 anos, tem se dedicado a ajudar aos outros a atingirem e melhorarem o seu condicionamento físico, mental, e, enfim, encontrarem o balanço de Total Wellness. Tem ministrado vários cursos para centenas de Profissionais de Fitness em todo o mundo, incluindo as Américas, Europa e Ásia. No ano de 2004, ela foi nomeada pelo Dr. Kenneth Cooper como a "Cooper Embaixatriz no Brasil" e também esteve entre as 3 finalistas para Personal Trainer Internacional do Ano, IDEA (2003 & 2004).

A autora tem sido um modelo exemplar para inspirar outros a apreciarem e seguirem um estilo de vida saudável. Em 1995, foi diagnosticado um problema no coração, o que para muitos teria posto um ponto final no seu estilo de vida super ativo e também na sua carreira profissional. Ela é uma das poucas pacientes que possui um desfibrilador implantado. Mas, devido à sua atitude positiva e conceito de vida, ela não parou suas atividades físicas e continua integralmente inspirando os outros no caminho de Total Wellness.

Nascida no Rio de Janeiro, Brasil, ela possui o bacheralado em Educação Física pela Sunny Brockport University (Nova York, EUA); Mestrado em Fisiologia do Esporte pela San Jose State University, EUA, e, finalmente, o Doutorado em Fisiologia do Esporte pela Texas Woman's University, EUA.

Dra. Sottovia é uma triatleta ávida e já completou mais de 50 provas, incluindo três IronMan (Havaí, Alemanha e Brasil – 4,5 km de natação, 180 km de ciclismo e 42km corrida). Ela também participa de maratonas, tendo completado mais de 16 provas (incluindo Boston, em 1990 e 1998). Completou sua última IronMan Triatlon, além de 3 maratonas, com o seu defibrilador. Atualmente, está treinando para a sua quarta edição do IronMan Triatlon.